엄마라는 이유만으로

엄마라는 이유만으로
육아와 **가사**에 지친 이 세상 모든 **워킹맘**에게

초 판 1쇄 2025년 10월 28일

지은이 안지언
펴낸이 류종렬

펴낸곳 미다스북스
본부장 임종익
편집장 이다경, 김가영
디자인 임인영, 윤가희
책임진행 김은진, 이예나, 김요섭, 안채원, 국소리

등록 2001년 3월 21일 제2001-000040호
주소 서울시 마포구 양화로 133 서교타워 711호
전화 02) 322-7802~3
팩스 02) 6007-1845
블로그 http://blog.naver.com/midasbooks
전자주소 midasbooks@hanmail.net
페이스북 https://www.facebook.com/midasbooks425
인스타그램 https://www.instagram.com/midasbooks

© 안지언, 미다스북스 2025, *Printed in Korea*.

ISBN 979-11-7355-547-3 03810

값 19,000원

※ 파본은 구입하신 서점에서 교환해드립니다.
※ 이 책에 실린 모든 콘텐츠는 미다스북스가 저작권자와의 계약에 따라 발행한 것이므로 인용하시거나 참고하실 경우 반드시 본사의 허락을 받으셔야 합니다.

미다스북스는 다음세대에게 필요한 지혜와 교양을 생각합니다.

엄마라는 이유만으로

육아와 **가사**에 지친
이 세상 모든 **워킹맘**에게

안지언 지음

미다쓰북스

들어가는 글　　　　　　　　　　　　　　7

제1장　왈가닥 소녀에서 엄마로

— 1　왈가닥 소녀의 변신　　　　　　　15
— 2　억지로 만들 수 없는 인연　　　　　21
— 3　착한 아이 콤플렉스　　　　　　　28
— 4　아이와 엄마와의 관계　　　　　　34
— 5　동아리에서 배우고 발견하고 성장하다　40
— 6　직장생활도 육아도 놓칠 수 없어　46
— 7　우리의 시작　　　　　　　　　　52
— 8　친정엄마와의 추억　　　　　　　59

제2장　초보 엄마의 시행착오

— 1　마흔에 시작된 두 번째 인생　　　69
— 2　엄마 체험　　　　　　　　　　　76
— 3　처음 마주하는 세계　　　　　　　83
— 4　부모 교육의 필요성　　　　　　　89
— 5　세 마리 토끼를 잡는 시간　　　　95
— 6　아이는 나 혼자 낳았나　　　　　101
— 7　부모의 진정한 사랑은 기다림　　108
— 8　사소한 것에 느끼는 행복　　　　115

제3장 아이를 만나고 찾아온 변화

— 1 부모의 감정싸움   125
— 2 마음 돌봄에도 연습이 필요해   131
— 3 사춘기를 지나는 아이   138
— 4 아이 감정을 헤아리는 시간   145
— 5 세상을 바라보는 새로운 시선   152
— 6 우물 안 개구리   158
— 7 새벽 기상, 삶을 바꾸는 습관   165
— 8 독서가 주는 행복   172

제4장 엄마와 함께하는 감정 돌보기

— 1 아이 마음 마주하기   183
— 2 불안을 달래주는 법   190
— 3 마음을 알아주니 아이의 해맑은 웃음   197
— 4 엄마 감정 돌보기로 가족 행복 찾기   204
— 5 배움의 속도가 달라도 괜찮아   210
— 6 함께 웃는 시간 아이와 행복하게 노는 법   216
— 7 한마디 칭찬이 기적을 만든다   223
— 8 나를 도와준 사람   230

살아있고 살아간다

— 1 아이와 함께하는 삶   239
— 2 엄마도 살고 아이도 사는 법   246
— 3 마음을 나누면 가벼워지는 감정의 짐   252
— 4 일상 속 발견하는 아이의 작은 기적   258
— 5 지금이 가장 아름다운 순간   265
— 6 서툴지만 소중한 시간   271
— 7 기회를 기다리자   277
— 8 이 또한 지나가리라   283

마치는 글   291

들어가는 글

처음 부모가 되었을 때 아이 마음을 읽는 게 서툴렀지만 사랑은 넘쳤다.

무엇을 느끼는지 감정에 어떻게 반응해야 할지 막막했다. 반응에 대처할 때마다 짜증, 기쁨, 불안, 슬픔 등 복잡한 감정들에 휘말렸다. 어떻게 조절해야 할지도 몰랐다. 방법을 찾기까지는 오랜 시간이 걸렸다. 그동안 아이는 불안한 시간을 보내야 했다. 아이의 학습 태도와 친구 관계에서도 어려움으로 나타났다. 해결 방법을 찾기 위해 강의를 듣고 상담도 받으며 헤매던 중 생각을 바꾸어 놓은 한마디를 듣게 되었다. 새로운 깨달음은 생각과 행동으로 이어져 가족의 일상에 긍정적인 변화를 가져왔다.

초등학생 자녀를 둔 직장인 엄마로서 아이와 함께 슬기로운 일상을 보내고 싶은 바람이 있었다. 학교와 학원으로 오가느라 바쁜 하루를 보내는 아이에게, 집에서만큼은 편안한 시간을 갖게 하고 싶었다. 아이와 보내는 시간을 의미 있고 소중하게 채워나갈 방법을 찾고 있었다.

아이는 눈을 깜빡이고 얼굴을 씰룩거리는 증상을 보였다. 양육 방식에 대한 변화의 필요성을 느끼게 된 계기가 되었다. 작은 변화들이 양육 방향을 다시 한번 돌아보게 되면서 깊은 고민을 했다. 바쁜 생활 속에서 아이 마음을 단단하게 챙기는 일이 쉽지 않았다.

  그 이유를 돌아보면 첫째, 안도감을 줘야 하는데 그러지 못했다. 아이 챙기며 직장에서 일을 해야 하는 과정 속 불편한 중압감도 컸다. 내 마음도 건사하기 어려웠던 게 사실이다.

  둘째, 부모와 아이의 관심사가 달라 대화 공통 주제를 찾기 어려웠다. 자동차에는 관심이 없는 나로서는 자동차를 좋아하는 아이의 지식과 흥미를 공유하기 쉽지 않았다.

  셋째, 진솔한 대화를 나눌 시간이 부족했다. 눈뜨자마자 학교와 직장으로 향하고 어두워져서야 집으로 돌아올 수 있었기 때문이다.

소심한 성격 아이는 '싫어. 하지 마.' 말할 용기가 부족해 친구들 사이에 만만한 대상이 되곤 했다. 아이는 스스로 방어하려 애썼지만, 자신과 성향이 다른 아이들과 맞서기에는 역부족이었다.

학원 가는 걸 빼먹었다고 호되게 야단쳤던 날이다. '마음이 이상해, 자꾸 이상한 생각이 나.' 아이가 자신의 감정을 표현하지 못한다는 걸 알게 되었다. 친구가 소중한 신체 부위를 심심하면 툭툭 쳤다 한다. 처음에는 대수롭지 않게 여겼다. 아이에게 정확한 의사 표현만 하라고만 강요했다. 나조차도 친구 사이 말다툼 정도로만 여겼다. 조심스러워 담임 선생님에게는 의논도 못 했다는 거다. 귀담아듣지 않고 흘렸다. 아이에게 지시만 했을 뿐이다. 자신을 지키는 법을 가르치지 않았다. 불안 속에 떨고 있었다.

그제야 사태의 심각성을 깨닫고 담임 선생님께 사실을 알렸다. 괴롭힌 아이 부모와의 만남을 주선해 주었다. 첫 만남에 상대편 부모는 말없이 울기만 했고 그 모습을 보며 나도 조용히 눈물을 흘렸다. 서로 탓하기보다는 이 상황을 지나가는 소나기처럼 여기고 싶었다. 성장기 아이들이 장난삼아 한 실수를 극단적인 상황(학폭 신청)까지 끌고 가고 싶지 않았다.

시간이 지나면 나쁜 기억은 사라질 것이라 믿었다. 담임 선생님이 교육청에서 운영하는 상담센터(Wee센터)를 이용해 보길 권유해 주었다. 처음에는 상담이라는 단어에 선입견이 생겼다. 정신 건강에 어려움을 겪는 사람들만 찾는 곳이라 지레짐작했다. 상담받고 나니 선입견을 품은 것이 부끄러웠다. 상담 후 고민을 해결할 수 있는 첫 단추가 끼워진 느낌이었다.

상담센터(Wee센터) 협약 기관과 별도 진행하는 개인 상담을 통해 아이의 불안을 잠재우는 데 주력하고 있다. 내가 가진 불안도 현재에 집중하지 못하고, 다가오지 않은 미래에 대한 걱정 때문이라는 걸 깨달았다.

한 상담사를 통해 들은 부모의 불안이 아이에게 고스란히 전달된다는 말에 머리를 한 대 맞은 듯했다. 아이 문제 이전에 내 마음부터 돌보는 일이 시급했다.

불안을 다스리기 위해 명상을 시작했다. 내 마음이 평온해지자 아이에게도 평온함이 전해졌다. 일련의 과정을 통해 엄마와 아이가 함께 감정을 돌볼 수 있었다. 미래가 아닌 현재에 집중하는 힘도 얻었다. 아이에게 사랑을 줄 여유도 생겼다.

혼자 고민했다면 막막한 상황을 벗어나지 못했을 거다. 지름길로 가는 길을 알게 된 덕분에 문제의 해결책을 전문가와 함께 어렵지 않게 찾을 수 있었다.

아이 감정에 대해 '왜 그랬어?' 대신 '그랬구나.', '속상했네.' 말하는 표현 방식을 연습했다.

처음에 어색했다. 시간이 지나면서 자연스러워지면서 아이도 자신의 감정을 솔직하게 표현해 주었다.
아이 하루를 묻고 그날 느낀 감정들을 자유롭게 이야기하도록 기다려 주었다. 짧았던 대화가 길어졌다.

1장에서는 한때 왈가닥 소녀였던 내가 부모가 되기까지의 여정을 담고 있다. 어린 시절 활동적이었던 나는 모든 일이 신기하고 즐거웠지만, 주변 환경이 변화하면서 내 생각과 행동도 달라진 모습을 보여주고 있다.

마흔이 넘어 엄마가 된 나는 사전 지식 없이 육아라는 거대한 파도에 뛰어들었다. 부모 교육의 필요성은 절실했지만, 현실은 좌충우돌의 연속이었다. 아이를 키우면서 겪는 모든 순간은 예측 불가능했고 때로는 내 자신과의 싸움이기도 했다. 미처 알지 못했던 새로운 나의 모습을 만났다. 아이를 통해 이전과는 다른 인생을 맞이하는 내용을 2장과 3장에서 다룬다.

4장은 엄마로서의 성장통을 겪으면서 더욱 단단해지면서, 아이와 함께 감정을 돌볼 기회를 얻을 수 있어 세상을 더 넓은 시야로 바라보게 된 방법을 엿볼 수 있다.

마지막 장에서는 마음을 알아차리는 아이, 마음을 살피는 엄마로 삶을 변화시키며 배움을 바탕으로 행복한 삶에 의미를 부여하는 모습을 포함하고 있다.

아이의 변화는 가족에게도 영향을 미쳤다. 주말이면 아이와 함께 취미 활동을 하며 자연스럽게 소통하는 시간이 늘어났다. 집안에는 웃음꽃이 피어나기 시작했다.
아이의 작은 몸짓은 경고등이 아니었다. 이제는 아이가 자신을 더 잘 표현하고 있다는 행복한 신호로 다가왔다. 행복한 삶은 과거도 미래도 아닌 지금, 이 순간. 현재에 있었다. 아이를 바라보는 눈빛에 사랑을 담아주고 싶다.

제1장

왈가닥 소녀에서 엄마로

올바른 목적이 없는 사람은
육아라는 항해를 무사히 마치기 힘듭니다.
올바른 목적만이 항해를 마칠 수 있는
용기와 힘을 주기 때문입니다.

『진짜 부모 공부』, 김종원

1

왈가닥 소녀의 변신

'여자아이가 얌전하지 못해서야' 귀에 딱지가 앉을 만큼 지겹게 들었다. 덜렁대는 성격 탓인지 하는 일마다 실수투성이였다. 손에 닿기만 하면 물건이 망가졌다. 일부러 떨어뜨리기라도 한 것처럼 보였다. 과거에 한 실수들이 하나둘 소환되었다. 가족도 한마디 거들었다. 계속된 핀잔에 반감이 생겼다. 하필 나만 지적하는 건지.

여자답지 못한 행동이 마음에 상처를 입힐 만큼 큰일이었나? 구박받으면서도 산과 들을 누볐다. 노는 데도 남녀 구분해야 한다는 게 불공평했다. 여자로 태어나고 싶어 태어난 것도 아닌데, 차라리 남자로 태어나고 싶었다.

해가 지는 줄 모르고 놀았다. 엄마가 불러야 집으로 왔다. 초등학교 때 여학생보다 남학생과 방과 후 시간을 많이 보냈다. 남학생들과 말타기하며 노는 게 재미있었다. 공부는 관심도 없었다. 조용한 놀이는 싫었다. 그래서인지 남학생들과 어울려 노는 게 편했다. 여학생들은 부끄럽지 않냐고 수군거렸다. 남학생과 놀면 남자가 되는 줄 착각했다. 그렇게 생각했던 이유는 만화에서 어려운 상황을 극복하는 대상이 주로 남자였기 때문이다.

겉모습만 바꿨다. 머리카락도 짧게 자르고, 바지만 입었다. 말투도 거칠게 바꾸었다. 남학생을 이기려 했다. 계집애가 남학생과 싸워서 이기려고 하다니, 겁도 없구나. '너보다 남자가 훨씬 힘세.' 바로 겁먹었다. 남자가 되고 싶었다. 흉내만 냈던 모양이다.

초등학교 시절, 가정 형편이 넉넉하지 못했다. 책가방, 옷, 신발 등 갖고 싶은 것이 많았다. 투정을 부린다 해서 달라지는 건 없었다. 괜히 가족들의 분위기만 어색하게 만들었다.

주말 아침, 만화 〈빨간 머리 앤〉을 보는 것이 좋았다. 늦잠을 포기하리만큼. 나와 비슷한 처지 주인공에게 빠져들었다. 책을 읽기보다는 TV를 통해 주인공의 삶을 간접적으로 경험하고 있었다. 어려운 환경 속 역경을 이겨낸 결말이 마음에 깊이 남았다.

친구들과 술래잡기할 때 맨 앞에서 달려 나갔고, 수업 시간에 궁금한 것이 있으면 손을 들어 질문했다. '왈가닥'이라 불러도 싫지 않았다. 나의 활기찬 모습을 인정받으니 흐뭇한 마음이 들었다.

고등학교에 들어와서야 처음 교복을 입게 되었다. 교복은 치마였고 바지는 선택할 수 없었다. 평소 바지만 즐겨 입던 나에게는 치마 교복은 낯설게 느껴졌다. 교복 치마를 입을 때마다 스타킹을 챙겨 신어야 하는 일이 여간 번거로운 게 아니었다. 추운 겨울에는 차가운 바람이 온몸 구석구석을 파고들었다. 버스를 탈 때나 친구들과 함께 있을 때도, 마음껏 장난을 치거나 움직일 수 없다는 점이 힘들었다.

교복 치마를 입기 시작하면서 모든 것이 조심스러웠다. 이전에 남자아이처럼 툭툭 내뱉던 말버릇도, 자유분방했던 행동거지도 점차 사라졌다. 마음껏 뛰어놀 여유나 자유로움이 줄어든 것이다.

선생님이 질문에 손을 들었다가도 다른 아이들의 시선이 느껴졌다. 놀라 손을 다시 내렸다. 낯선 상황과 사람을 마주할 때면 심장이 쿵쾅거렸다. 입술이 바싹 마른 경험도 잦았다.

딸만 여섯인 친구가 있었다. 집이 쌀 가게를 운영했다. 자주 놀러 갔다. 친구 엄마는 매일 시장에 다녔다. 식구가 많아 챙겨야 할 먹거리도 많았다.

집에 가면 사과 상자가 항상 놓여 있었다. 사과를 상자로 사서 먹는 집이 많이 없던 걸로 기억한다. 그 시절 사과 품종은 홍옥과 부사였다. 홍옥은 크기가 작고 과즙이 많은 대신 한입 베어 물면 시큼해서 저절로 얼굴이 일그러지는 맛이었다. 부사는 알이 굵고 달콤한 맛이었다. 부사를 먹는 집이 흔하지 않았다. 우리 집은 홍옥만 바닥에 굴러다녔다. 그 이유는 맛이 없었기 때문이다. 먹다 만 채 버려진 거였다. 우리 집에서는 구경할 수 없었다. 비싼 과일이 있다는 것만으로 부자처럼 보였다. 맛보고 싶어 일부러 놀러 갔다. 사과를 먹고 싶었지만, 먹고 싶다는 말조차 꺼내지 못했다. 갈 때마다 눈치만 보다가 돌아왔다.

그렇게 먹고 싶었던 부사 사과는 스무 살 넘어서야 맛을 볼 수 있었다. 시간이 흘러도 아쉬움은 있다. 그때 한 번쯤 용기 내어 말해볼걸. 부족한 환경은 나를 왈가닥 소녀에서 소심한 아이로 바꾸어 놓았다.

경제적인 문제로 언성을 높이며, 다투시는 부모님의 모습에 상처받았다. 집안 분위기에 눈치를 살피는 아이가 되었고, 활기찼던 내 모습은 사라졌다. 학교에서 발표 시간이 되면 예전에는 손을 번쩍 들던 아이가 고개를 숙였다. 친구들과 놀 때도 의견을 내기보다는 다른 친구들 말에 조용히 따랐다. 목소리는 작아지고 웃음소리는 사라졌다.

혹시나 실수할까? 누군가에게 상처를 줄까?

끊임없이 내가 아닌 다른 사람에게 집중했다. 활달했던 내 모습은 온데간데없다. 매사에 조심스럽고 주저하는 아이가 되었다. 낯선 상황에서 머뭇거렸다. 내 의견을 표현하는 데 어려움을 겪었다.

왈가닥일 때는 보이지 않던 다른 사람의 감정이 보이기 시작했다. 소심해지면서 타인에 대한 공감 능력이 생겼다.

내 안의 왈가닥 소녀와 소심한 내가 조화롭게 어울려 삶의 모든 순간을 마주할 것이다. 때로는 왈가닥처럼 용감하게 새로운 도전에 뛰어들고, 그 속에서 나만의 강인함을 발견했다.

겉모습이 아니라, 내면에 잠재된 다양한 나의 모습과 성격을 이해하고 받아들이는 것이 나를 찾아가는 길임을 알아차렸다. 이제는 내 안의 다양한 모습을 받아들이며 단단하고 지혜로운 삶을 살아갈 준비가 되었다.

2

억지로 만들 수 없는 인연

 엄마는 내 결혼을 재촉하셨다. 직장생활에 적응하면 생각해 보겠다고 걱정하지 마시라고, 결혼은 언젠가 할 거라고 엄마를 안심시켰다. 시집 안 간다고 으름장을 수시로 놓아 보기도 했지만 소용없었다.

 직장 생활 적응하기도 전에 엄마는 기다렸다는 듯 맞선을 보라고 성화셨다. 평소에는 동창회, 계 모임에 참석하지 않으셨다. 내 결혼을 위해서라면, 어떤 모임이든 마다하지 않고 쫓아다니셨다. 인맥이란 인맥은 다 동원한 듯 보였다.

 엄마가 내 결혼에 목숨을 거셨다. 결혼은 정말 꼭 해야 하는 걸까? 의문만 들었다.

 '좋은 총각 없을까? 우리 딸 인물은 없다. 직장은 다닌다. 부모 있고 키는 보통이다.' 모든 모임에 나를 소개하는 단골

이야기다. '엄마 창피하지도 않아. 너만 결혼만 할 수 있다면 뭐든 다 할 수 있어.'

하루가 멀다고 싸우는 부모님 모습을 보고 자랐다. 결혼한다고 내 삶이 나아질 거라는 확신이 없었다. 내게 여자는 반드시 결혼해야 한다고 남들 다 해보는 건 해봐야 한다고 강요하셨다.

'독불장군처럼 혼자 살 생각은 하지 마라. 늙어서 혼자 남으면 얼마나 처량한지 지금은 모를 거다. 이 세상에 남는 건 자식뿐이다. 아이를 키워 보지 않는 사람은 모른다.' 반드시 결혼해야 하는 이유를 설명하셨다.

딸의 결혼에 온 마음을 쏟으셨다. 결혼이 늦어지자, 집안의 대가 끊길까 홀로 속앓이하셨다. 강요는 무조건적이었고 숨이 막힐 지경이었다. 결혼 적령기라는 이유로 이렇게까지 서둘러야 할 필요는 없었다.

인연은 언젠가 자연스럽게 이어진다고 믿었다. 조금만 더 기다리자는 내 말은 엄마에게 통하지 않았다. 억지로 맞선을 주선할 때는 엄마의 강한 신념에 당해낼 재간이 없었다. 주말마다 의미 없이 시간을 허비하는 것 같았다. 그렇게 절실하게 인연을 찾아야 하는 이유를 몰랐기 때문이다.

　단순히 엄마의 뜻에 따라 맞선 자리에 나갔을 뿐, 모르는 사람을 만나는 건 언제나 부담이었다. 엄마는 내가 맞선 장소에 나가는 것만으로도 큰 기대를 걸었다. 만남 횟수가 늘어날수록 엄마의 말투는 달라졌다. 맞선은 딸을 시집보낼 수 있다는 간절한 희망의 끈이었다.

　맞선 자리에 나가라는 말을 들을 때마다, 원하지 않는 길로 억지로 떠밀리는 기분이었다. 지쳐버린 마음은 자리에 앉아 있는 것조차 버겁게 만들었다. 억지로 지어낸 웃음과 표정으로 상대를 배려하며 대화를 이어가는 일도 곤욕스러웠다. 부모님이 정해놓으신 조건은 직장, 형제자매 유무가 전부였다. 조건에 맞는 상대를 찾기란 하늘의 별 따기였다.
　남들은 쉽게 인연을 만나는 것 같은데, 왜 우연이 찾아오지 않는 걸까. 모든 만남이 인연으로 이어지는 것은 아니었다. 거센 파도가 이는 바다에서 등대를 찾아 헤매는 것처럼 간절했다.
　인연을 찾는 일은 생각보다 어려운 일이었다.

엄마는 맞선 주선을 삶의 낙으로 삼으셨다. 만날 사람의 정보를 알려주시며 즐거워하는 엄마와 달리 나는 그 이야기를 버겁게 느꼈다. 내게 신신당부했다.

'올해는 어떻게든 결혼해야 하니 찬찬히 잘 보고 와라. 아무 생각 없이 왔다 갔다 하지 말고. 첫 만남에서는 같이 밥 먹지 마. 밥 먹으면 성사가 안 된단다.' 상대가 말하기를 기다리렴. 많이 웃지 마. 질문을 할 때는 직장이나 경제력 위주로 물어보라고 일러 주셨다. 엄마가 일러준 대로 지켜도 보았지만, 인연이 닿을 기미는 보이지 않았다.

어휴, 남들은 결혼도 잘만 하는데 뭐가 문제인지. 엄마의 한숨 소리를 듣는 시간도 잦아졌다.

엄마는 결혼이 늦어지는 이유를 외모 탓으로 돌렸다. '여자는 예뻐야 시집을 잘 가더라. 일찍 결혼한 친구들 봐도 다 예쁘더라.' 말을 자주 하셨다.

엄마의 확고한 결혼관을 바꾸는 게 쉽지 않았고, 포기하지 않는 엄마의 마음을 어떻게 돌려놓을지에만 신경 쓰고 있었다.

스물다섯부터 시작된 맞선 횟수는 어림잡아 백 번은 넘었을 것이다. 시간이 흐를수록 나도 조급해졌다. 노심초사하는 엄마를 계속 지켜보는 것보다 차라리 내 마음을 바꾸는 편이 빠르겠다는 생각이 들었다.

'해도 후회 안 해도 후회라면 일단 하고 후회하는 편이 낫다.'는 말에 나도 모르게 고개를 끄덕였다.

내 힘으로 인연을 찾아보겠다는 오기가 생겼다. 막상 시작해 보려니 어떻게 좋은 사람을 만나야 할지 막막했다. 결혼 정보 업체에 등록해 볼까, 아니면 대학 선배에게 연락해 볼까 여러 생각들로 머릿속이 뒤엉켰다. 만나는 사람마다 붙잡고 좋은 사람 있으면 소개해 달라고 부탁했다. 인연을 만나고 싶다는 간절한 몸부림이었다. 그러다 행정기관에서 추진하는 출산 장려 정책 일환인 단체 미팅에 참여하게 되었다. 맞선은 결혼이라는 전제가 깔려 있어 부담스러웠지만, 단체 미팅은 편안하게 만날 수 있을 것 같아 담당자에게 메일로 신청서를 보냈다. 이렇게까지 해야 하나 창피한 생각과 결혼 못 해 안달 난 사람처럼 보여 신경 쓰였다.

미팅 장소에 도착하니 의외로 다양한 연령대의 사람들이 모여 있었고 나와 비슷한 간절함이 느껴졌다. 아는 얼굴이라도 마주칠까 두리번거리면서도 마음이 통하는 사람이 나타나길 원했다. 한 테이블에 여자 세 명, 남자 세 명이 한 팀이었다. 나는 반대편에 앉은 남자와 눈인사 정도만 나눴다. 부끄러워 미니스커트에 높은 구두를 신고 온 다른 여자에게 먼저 말을 걸었다. 말을 걸면서도 맞은편 남자가 눈에 들어왔다.

사회자의 능숙한 진행 덕분에 서먹했던 분위기가 금세 편안해졌다. 잦은 테이블 이동으로 맞은편 남자와 제대로 대화할 시간이 없었던 점 아쉬웠다. 결국 내가 찾던 이상형은 그곳에 없었다.

단체 미팅에 다녀왔다는 말에 엄마의 두 눈은 반짝 빛났다.

뒤늦게나마 엄마의 수고를 절감했다. 예전에는 10가지 조건을 따지던 내가 이제는, 3가지만 맞아도 결혼을 생각하게 될 만큼 마음이 너그러워진 것이다. 결혼 상대를 고를 때는 두 눈을 크게 뜨고, 결혼한 후에는 한쪽 눈을 감아주라는 지혜처럼, 더 이상 망설이지 않고 가보기로 결심했다.

물론 수많은 만남 속에서 나 역시 상처받았고, 나 때문에 마음 아팠을 누군가도 있었을 것이다. 백 번의 만남이 주는 마음고생은 적지 않았다.

인연은 애써 만든다고 만들어지는 것도, 억지로 밀어붙인다고 이어지는 것도 아니었다. 결국 조건보다 마음이 먼저였다.

3

착한 아이 콤플렉스

착하다는 말 자주 들었다. 부모님 말씀에 거스른 적도 없었고 친구의 부탁도 거절하지 못했다. 착한 아이로 살아야 한다고 믿었기 때문이다. 남에게 착하게 보여야 한다는 강박은 결국 상처가 되어 돌아왔다. 사람들은 나를 만만한 존재로 여겼고, 인정받기 위해 늘 긴장했다. 나의 의견보다는 남의 의견을 우선했다. 거절하지 못해 상대의 기분만 살폈다.

여든 아버지는 엄마에게 따뜻한 말 한마디 건네지 않으셨다. 남자는 바깥일, 여자는 집안일이라는 분명한 선을 그었다. 부엌에 발을 들이지도, 물 한 잔 가져다 마신 적 없으셨다.
아버지가 늦은 밤 귀가하는 순간은 곧 엄마 대신 내가 밥상을 다시 차려야 하는 시간이었다. '밥 안 드시면 안 될까요?'라는 속마음은 차마 입 밖으로 내지 못했다. 제대로 인사하지 않았다며 꾸중이 잦았고, 누구 덕에 밥 먹고 사는데, 밥상 차리는 게 뭐가 힘들다고, 이 말 앞에서는 조용히 입을 다물 뿐이었다. 꼬투리 잡히지 않으려 신경을 곤두세웠다. 실수라도 할까 봐 조마조마했다.

아버지는 내 초등학교 시절 10년 내내 중동에서 근무하셨다. 해외 계신 동안, 나는 처음으로 자유를 느꼈다. 나를 꾸짖는 사람이 없다는 사실 하나만으로도 마음이 편했다.

일주일이 멀다 하고 편지가 날아왔다. 평소 다정하지 않던 아버지가 가족을 떠나고 나서야 소중함을 느끼셨는지, 낯선 곳에서 온 친밀함은 고마움보다 어색함에 가까웠다.

엄마의 강요에 마지못해 몇 번 답장했을 뿐이었다. 잔소리 없이 자유롭게 놀 수 있었던 그 시간이 소중했다.

아버지가 귀국한 지 일주일도 안 되어 모든 것이 예전으로 돌아갔다. 예전처럼 딱딱하고 고지식한 말투, 자식의 잘못을 그냥 넘기지 못하는 성격까지 중동으로 떠나기 전 그대로였다.

나는 다시 긴장했고, 눈치를 보기 시작했다. 본래 성격대로 생활하려는 아버지 말투와 태도는 나에게 상처로 돌아왔다. 갈피를 잡지 못하고 조심스러운 마음뿐이었다. 한 번쯤은 따뜻한 눈빛으로 바라봐 주기를 바랐다.

　사회생활 하면서도 내 의견을 주장하기 어려웠다. 상사나 동료들과 어울리는 일도 어려웠다. 상사의 단순한 지시에도 실수를 지적받은 날이면, 그 일로 마음에 상처를 입었다.
　'혹시 나만 혼나는 건 아닐까?'라는 생각에 갇혔다. 꼼꼼하지 못한 성격 탓에 자신감과 자존감은 점점 낮아졌다. 속상해서 눈물이 쏟아져 손수건이 흠뻑 젖는 날도 있었다.
　그럴 때마다 엄마에게 하소연하며 속상함을 달랬다. 엄마의 위로는 잠시 마음을 붙잡아 주었지만, 감정은 쉽게 가라앉지 않았다. 하루에도 몇 번씩 감정이 널뛰었다. 눈치껏 할 일을 챙기면서도 책잡히지 않으려 애썼다. '이건 아닌데' 하고 속으로 생각하면서도 겉으로는 아무렇지 않은 척했다.

　업무가 끝나도 직원들을 도와주느라 퇴근하지 못한 날도 많았다. 상사와 동료들 눈치를 보며 자리를 뜨지 못했다. 휴일에도 상사가 부르면 주저 없이 출근했다. 당연한 일이라고 여겼다.
　능력을 인정받고 싶다는 마음도 있었다. 한번은 대학원에 다니던 상사가 대학교 졸업논문을 준비하고 있었다. 설문조사 결과를 정리하며 힘들어하는 모습을 보고 망설이지 않고 말했다.

'도와드릴게요.'

분석된 자료를 다른 논문들과 비교하느라, 내 업무는 뒷전이었다. 결국 마감 기한을 넘겨 쓴소리를 들었고, 매주 해야 할 업무 보고도 놓쳤다.

뒤돌아보니, 정작 나 자신을 챙기지 못했다. 남이 부탁하지 않아도 스스로 부담을 안았고, 남의 기대에 부응하려고 애썼다.

모든 걸 받아들였고 불편해도 속으로 삭였다. 누군가 부탁하면 거절하지 못하고 억지로라도 들어주는 것이 내 오랜 습관이었다.

평소 사람들과 격의 없이 지냈다. 모든 사람과 좋은 관계를 유지하는 것이 무리가 되고 힘든 줄 알면서도 관계를 유지하고 싶었다.

그러다 직장 동료 세 커플의 만남을 주선하게 되었다. 서로 잘 어울릴 것 같은 사람들을 떠올리며 정성을 다해 연결해 주었고, 사비로 식사 자리를 마련하면서까지 적극적이었다. 누군가에 도움이 되는 과정 자체가 즐겁고 뿌듯했다. 주변에서는 '중매는 잘 서면 옷이 세 벌이고, 잘못 서면 뺨이 석 대'라며 농담처럼 말렸다. 성공시키고 싶었을 뿐이었다. 시간과 노력을 들였음에도 청첩장은 받지 못했다. 바라고 한 일은 아니었지만, 그들의 결혼 소식에 느꼈던 허탈감은 오랫동안 마음속에 남았다.

'남들이 나를 어떻게 생각할까?'

무조건 남에게만 잘 보이는 것이 정답인 줄 알았다. 다른 사람에게 '착한 사람'이라는 이미지를 심어 주고 싶었다. 일이 잘 풀리지 않는 날이면 상황을 객관적으로 보기보다 먼저 나 자신을 탓하기 바빴다.

남을 먼저 챙기느라 나를 돌보지 못했던 예전과는 달리 이제는 나 자신을 먼저 생각하게 되었다. 상처받은 내 마음속 아이를 위로하기 위해 3가지 노력을 했다.

첫째, 있는 그대로 받아들이는 것. 더 이상 남의 시선에 휘둘리지 않고 사소한 일에 마음 쓰지 않으며 온전히 나에게 집중하기로 했다. 둘째, 거절하는 연습을 한 것. 타인의 기분을 살피기 전에 내가 원하는 것이 무엇인지 먼저 들여다보는 시간을 가졌다. 셋째, 관계에 적당한 거리를 두는 것. 조건적인 호의를 베풀기보다, 내 마음의 여유를 살피며 진정으로 평화로운 관계 만들어 가고 있다.

남의 시선을 지나치게 의식하며 살아온 내 경험들이 아이에게 고스란히 전해질까 염려스럽다. 혹시 내 말과 행동이 아이의 감정을 억누르는 것은 아닐지 조심스럽게 살피게 된다.

아이가 자신의 감정을 억제하도록 요구하기보다 스스로 자신의 감정을 돌보고 표현할 수 있도록 응원하고 격려해 주고 싶다.

혜승이는 '착하다'는 틀에 갇혀 남의 눈치 보며 살지 않기를 바랄 뿐이다.

4

아이와 엄마와의 관계

 퇴근 후 집에 오면 '뿌슝빠슝' 소리가 나를 맞이한다. 혜승이는 퇴근한 엄마는 바라보지 않고, 휴대폰만 쳐다보며 손을 흔든다. 유튜브 영상 속 노래가 익숙하다. 하교 후 엄마의 퇴근 시간까지 두세 시간은 혜승이의 휴식 시간이다. 휴식 시간은 당연하게도 휴대폰이 함께한다. 하루 몇 시간 게임하고 영상 본다고 문제 될 게 있을까 싶기도 했다. 아이도 나름대로 휴식 시간이 필요했으리라 여겼다.

 어느새 집에서는 이런 대화가 일상이 되었다. 나는 '몇 시까지 볼 거야? 그만 휴대폰 꺼.' 아이는 '더 보고 싶지만 이제 안 볼게요.' 하면서도, '숙제 끝나고 나면 30분 더 볼 수 있을까요?' 한다. 대화의 모든 주제는 휴대폰에 집중되었다. 아이에게 괜스레 짜증을 부리고 큰소리 내는 횟수가 잦아졌다. 유튜브와 게임을 하면서 발생하는 청소년들의 극단적인 사례를 자주 접하면서도 내 아이만은 해당 안 되겠지? 하는 안일한 생각을 가졌다. 휴대폰을 보는 아이에게 각종 유·무해를 떠나 미디어 접촉은 쉽게 막을 수 있는 상황이 아니었다. 걱정만 할 수 없다는 생각이 커져만 갔던 즈음이다. 가정통신문으로 스마트 미디어와 관련된 부모 교육 특별과정이 있다는 소식을 접했다.

교육으로 아이와 엄마가 사용에 자유로워지고, 현명하게 이용할 수 있는 방법을 찾을 거라 믿었다. 바로 교육 신청했다. 제목부터 관심이 갔고 미디어 사용에 고민하는 부모라면 안성맞춤이라 여겼다. 왜 이제야 알았을까? 강사는 부모와 자식 간 관계를 특히 강조했다. 우리 집 상황과 너무나 흡사했다. 정곡을 찌르는 내용이었다. 고민하고 있던 부분을 하나씩 풀어주었다.

직장에서 에너지를 쏟고 돌아왔을 때, 아이와 나를 이어준 것은 대화가 아닌 휴대폰이었다. '버럭 오바마'라도 된 듯이 아이에게 큰소리로 화를 냈다. 앞뒤 재지 않고 무조건 소리를 질렀다. 열심히 게임에 몰입하고 있던 아이는 어쩔 줄 몰라 눈만 껌뻑거렸다.

서로 미안하다고 말하며 상황은 일단락되었지만 잠시뿐이었다. 물리적인 차단이라는 극단적인 방법까지 시도했다. 인터넷이 없다는 사실은 아이의 갈망을 부추겼고 아이는 '언제쯤 인터넷 연결해 줄 거야?' 끊임없이 물어왔다. 물리적 차단이 능수는 아니었다. 엄마 목소리만 커졌다. 화내고 성질내는 것을 교육이라고 착각하고 있었다. 지금까지 휴대폰, 미디어, 게임 중독과 같은 문제들에 대해 막연한 불안감만 가졌을 뿐이었다. 무작정 사용을 막아야 한다고 인식했다.

일전에 동료 직원이 보여준 '게이머 자녀 확인법'이라는 짧은 만화가 생각이 났다. 자녀의 게임 중독을 우려한 엄마가 상담하러 온 상황을 묘사했다. 핵심은 어머님이 아이가 무슨 게임을 하는지 모른다는 내용으로 당시에는 웃으면 넘겼다. 부모 교육을 들으며 만화 주인공이 내 모습과 비슷해 보였다.

마지막 영화의 대사를 인용하였는데 '가족의 이름을 부를 수 있는 매 순간이 기적입니다'라는 내용이었다. 무지한 엄마를 만난 아이에게 미안했고 바로 이거야 라는 해답을 찾아 기뻤다. 그간 강요로만 일관하던 내 모습이 부끄러웠다.

이제야 제대로 된 부모 교육을 받으며 인생 전환점이 되었다. 한 번의 강의로 얼마나 큰 성과를 얻었겠냐고 묻는 이가 있다면 이렇게 말할 수 있을 것 같다. 부모 교육이 생각을 바꾸는 용기를 주었다고 말이다.

6학년 혜승이는 예전 같으면 잠에서 깨어나자마자 TV 앞에 앉았다. 하루라도 보지 않으면 눈에 가시가 돋을 정도였다. 아이는 잠에서 덜 깬 눈으로 화장실로 향한다. 알아서 세수하고 양치하고 학교 갈 준비를 하는 아이가 되었다. 잔소리하지 않으면 세수도 하지 않고 학교로 가는 날이 많았던 아이였다. 스스로 무언가를 찾아서 해내는 생활 습관이 들여졌다. 생각하는 시간이 늘었다. 해야 하는 일과 하지 말아야 하는 일을 알아챘다. 집중하는 시간도 늘었다. 숙제도 챙겼다. 옷도 스스로 챙기며 밥상 앞에 앉는 모습이 대견했다. 엄마가 큰소리를 질러야 움직였던 아이다.

군소리 없이 해야 할 일을 챙겼다. 조금이라도 TV를 더 보고 싶어 칭얼대던 아이였다. 타이르는 시간이 줄었다. 줄었던 시간을 집안일 돕는 데 할애했다. 학교를 마치고 집에 오면 분리수거 할 물건을 챙겼다. TV 보는 시간을 줄이니 집안일을 돕는 게 가능해졌고, 전에는 상상도 못 했던 일이다.

TV 전원이 꺼졌다. 아이가 결정하기 어려운 일을 스스로 절제하는 모습을 보고 격려해 주고 응원해 주었다. 아이 세계를 천천히 이해할 수 있게 되었다. 아이와 좋은 관계를 만들기 위해서는 엄마가 먼저 자신을 사랑하는 법을 배울 필요가 있었다. 바빠서 한가로운 시간이 부족했다. 조급한 마음으로 아이를 대했던 점을 알아차렸다. 자녀의 세계로 들어가는 길을 찾는 것이야말로 부모로서 노력해야 할 숙제였다. 하루 휴대폰 본 시간을 적어보기, 집에서 하는 놀이(레고, 그림 그리기, 요리하기, 저녁밥 먹고 산책, 줄넘기, 등산)와 독서(잠자리 독서, 함께 책 읽기)를 통해 아이 마음을 헤아리는 데 집중했다.

아이 마음에 집중하는 소통은 엄마에게도 긍정적인 영향을 미쳤다. 아이가 자신을 완전히 드러내고 엄마 역시 아이를 그대로의 모습을 받아들이게 되면서 서로에 대한 이해가 깊어졌다.

아이가 좋아하는 것에 관심을 보이고, 힘들어하는 것을 함께 고민해 주면서 엄마를 더욱 믿고 의지하게 되었다. 교육을 통해 배운 지식이 사랑과 신뢰, 존중과 배려로 온전히 아이와 공감하며 슬기로운 해결 방법을 모색할 수 있었다. 불필요한 잔소리와 간섭도 줄었다.

혜승이와 나는 잠시 다른 곳을 바라보고 있었다. 휴대폰과 게임에 빠져 있던 아이가 스스로 절제하는 법을 배운 건 부모의 사랑이었다. 엄마의 사랑을 확인하는 순간, 아이와 엄마 관계는 부모 교육을 통해 새롭게 피어났다.

5

동아리에서 배우고
발견하고 성장하다

아홉 살 아이가 학교에서 마치고 헐레벌떡 달려오더니 뜬금없이 '친구들은 영어를 잘하나 봐. 영어 학원 다니나 봐, 나도 학원 다니고 싶은데.' 평소 학원이라면 질색했다. 친구들이 부러웠는지 목소리에 아쉬움이 가득했다.

'학원을 알아봐야 할까? 파닉스 영어를 시작해 볼까?' 이런저런 생각들이 머릿속을 스쳤다. 내 아이만 뒤처지는 건 아닌지, 걱정이 앞서 영어 학원을 알아보았다.

정신없이 일과 육아를 병행하다 보니 아이에게 충분한 관심을 쏟아주지 못했다. 주변 엄마들에게 슬쩍 물어보며 정보를 얻었다. 그러고도 마음이 놓이지 않아 인터넷 검색과 육아 카페 가입까지 하며 정보를 찾아 헤맸다.

2학년 아이를 보호자 없이 혼자 두기는 불안했다. 매번 친구 집에 맡기는 것도 눈치가 보였다. 퇴근할 때까지 아이를 맡아줄 사교육 기관의 도움을 받을 수밖에 없었다고 생각했다.

인터넷에는 초등영어 공부에 관한 정보들과 방법들이 넘쳤다. 오히려 혼란만 커졌다. 엄마와 아이가 스트레스받지 않고 아이의 눈높이에 맞는 방법을 찾는 건 쉽지 않았다.

학부모 지원센터 홈페이지를 통해 울산 형 초등학교 영어교육인 '다듣영어 학부모동아리'를 알게 되었다. 2022년부터 시작한 '다듣영어'는 '다(多) 들으면 다(ALL) 들리는 의미'로 자연스럽게 언어를 습득하는 듣기 위주의 영어교육 프로그램이었다. 영어를 전혀 모르는 엄마도 아이를 가르치려 하지 않고 함께 소통하며 영어를 익히게 하는 방식이었다.

처음에는 낯선 사람과 관계를 맺고 시간을 갖는 게 망설여졌다. 비슷한 고민을 한 학부모들이 모여 같은 관심사로 대화하고, 무언가를 함께 만들어 가는 과정이 의미 있었다.

육아 이야기 외에도 각자의 꿈과 고민을 나누며, 함께라는 위안을 얻었다.

학부모동아리는 지역별로 소그룹 모임을 만들어 일주일간의 이야기를 나눴다. 아이와 친밀감 쌓기, 영어 듣기 시간을 얼마나 확보했는지 서로 점검하고 공유했다. 이야기를 나누면서 다른 사람의 말에 귀 기울이며 경청하는 자세도 익혔다. 서툴고 부족한 내 모습을 있는 그대로 인정하고 포용하는 법을 배워 가는 소중한 시간이었다.

단순한 모임 그 이상의 의미가 있었다. 육아로 지쳐 잃어버렸던 나를 되찾고 삶에 활력을 불어넣는 전환점이 되었기 때문이다. 학부모동아리는 마치 진정한 나를 찾아가는 등대와 같았다.

'울산 다듬영어' 목표는 듣기 중심 학습을 통해 영어에 흥미와 관심을 끌게 한 후 4년(3~6학년쯤)간 학교 또는 가정에서 영어를 자연스럽게 접하도록 유도했다. 모국어를 습득하는 원리와 같이 자연스럽게 생활 속에서 영어를 흡수하도록 도왔다. 암기 위주가 아닌 듣기 위주 교육방식으로 초등학교를 졸업할 즈음이면 영어로 기본적인 소통이 가능하다는 것이 놀라웠다.

효과적인 듣기 중심의 영어교육을 위해 노출 시간이 절대적인 만큼, 가정에서도 아이가 자연스럽게 영어에 노출될 수 있는 환경만 마련해 준다면 집에서도 가능했다. 관심을 가지면서 활동을 시작하게 되었다. 듣기만 하면 기대치만큼 영어 실력이 늘어날까? 하는 의문도 가졌다. 동아리 교육과 과제를 제출하면서 궁금증도 해소되었다.

  사교육을 통해서 문제를 해결하려고 했던 생각에서 벗어날 수 있었다. 영어교육도 하고 아이와 친밀감도 쌓았다. 아이의 관심사를 이해할 수 있는 정서적 측면까지 챙겼다. 엄마표 영어 공부법을 배우는 계기가 되었다.

  학부모동아리 활동이 준 성과는 첫 번째, 엄마 중심 잡기다. 엄마가 아이의 영어 습득에 대해 생각하는 과정을 통해 목표 도달에 대한 큰 그림을 그릴 수 있었다. 영어교육의 목적과 목표를 명확하게 설정하여 왜 영어를 배워야 하는지에 대해 근본적인 이유를 생각하는 기회였다. 단편적으로 아이에게 영어만 많이 노출하면 될 거라는 조급한 마음이 사라졌다. 하루하루 아이의 진행 상황을 기록하면서 성장을 확인할 수 있었다. 반응을 기록하는 과정에 '울산 다듬영어' 진행에 대한 커다란 맥락을 잡는 데 도움 되었다. 꾸준한 영어 듣기 진행에 대해서도 밑거름이 되었다.

  두 번째 생활 중심 잡기다. 땅에 깊이 뿌리 내린 나무는 강한 바람이 불어도 뿌리가 꺾이지 않는 것처럼 정서적인 안정과 부모와의 친밀감 형성을 돈독하게 해주었다. 모국어 교육의 중요성을 깨달았다. 아이에게 책을 읽어주고, 함께 도서관 나들이하면서 영어학습 효과를 향상 시킬 수 있었다.

세 번째 영어 중심 잡기다. 암기 위주의 영어 공부가 아닌 자연스럽게 영어 소리에 익숙해지도록 만드는 과정이었다. 또한 엄마 주도 학습법이 아니라 아이가 좋아하는 교재와 방법을 찾아갈 수 있는 아이 주도 학습법이라는 사실도 흥미로웠다. 아이의 미디어 절제를 통해 지나치게 아이의 생활에 간섭하는 일도 줄어들게 되었다. 아이에 대한 엄마의 과한 기대나 욕심도 내려놓을 수 있었다. 예기치 않은 선물에 기쁨이 컸다.

육아와 살림, 직장생활을 병행하며 분주한 와중에도, 학부모동아리 활동으로 성장할 기회를 얻었다. 무엇보다 아이와 정서적으로 교감하는 시간이 늘었다. 동아리에서 얻은 새로운 지식이나 경험을 공유하며 아이와의 대화 폭을 넓힐 수 있었다.

다음으로는 불안한 마음이 사라졌다. 동아리 활동을 통해 자녀 교육에 대한 고민을 함께 나누고 실질적인 도움을 얻었다. 부모가 먼저 배우고 성장하는 모습을 보여주는 것만으로도 아이에게 좋은 본보기가 될 수 있을 것을 알게 되었다.

마지막으로는 학부모동아리 활동을 하는 시간을 통해 아이만 배운 게 아니었다. 엄마인 나도 교육에 대해 진지하게 고민하는 시간이었다.

거실 너머로 들려오는 아이의 웃음소리가 엄마의 행복으로 이어졌다.

학부모동아리는 정서적 교감과 함께 교육역량을 키워줄 뿐 아니라, 지친 마음에 따스한 봄날 햇살처럼 위로를 주는 소중한 경험이었다.

6

직장생활도 육아도
놓칠 수 없어

 '바쁘다. 바빠.' 하루를 여는 신호처럼 입에 달고 사는 말이다. 직장생활과 육아를 병행하면서 자연스레 생긴 버릇이다. 아침에 눈 뜨자마자 아침밥을 차리고, 아이 옷과 세수까지 챙긴다. 아이 가방을 점검하고 물통에 물을 채운다. 출근할 옷은 옷걸이에서 눈에 띄는 대로 집어 든다. 바닥에는 남편이 벗어 놓은 양말이 걸리적거린다. 정신없이 움직이며 내내 '바빠, 바빠'를 중얼거린다. 바쁘게 일하지 않는 사람이 어디 있겠냐만, 가족 중 누군가 한 명쯤은 내 수고를 알아주었으면 했다. 저녁에도 서서 밥을 먹기 일쑤였다. 남편은 소파에 누워 리모컨을 만지작거리고, 아이는 집안을 휘젓고 다녔다. 숙제라도 봐주면 좋겠는데, 남편은 관심 없다. 아이의 모든 요구는 엄마로 시작해서 엄마로 끝난다.

친정엄마는 넋두리처럼 '너희만 아니었으면 아버지랑 살지 않았을 거야.'라는 말을 했다. 그 말이 진심처럼 느껴질 때마다, 엄마가 우리를 두고 떠나버릴지도 모른다는 불안이 좀처럼 사라지지 않았다.

1남 3녀 중 장녀인 나는 동생들 보다 엄마의 불편한 감정을 가까이서 나누었다. 아버지는 가족보다 돈을 더 아꼈다. 생활비를 조금이라도 아끼라며 엄마를 다그칠 때면, 아버지 눈에는 성난 기색이 역력했다. 화내는 아버지를 보며 엄마는 감정을 억누르려고 애썼다.

딸린 식구가 몇 명인지 생각하면 생활비가 얼마나 필요할지 짐작할 수 있었지만, 아버지는 당연한 사실을 받아들이지 못했다. 번 돈을 모두 자식들이 쓴다고 여겼고, 툭 내뱉는 말에 서운함이 밀려왔다.

'혼자 살지. 결혼은 왜 했어?'라고 역정 내고 싶었지만, 뻔한 반응에 듣기 싫어 입을 다물었다.

지켜보고 있자면 당장이라도 생활 전선에 뛰어들고 싶은 심정이었다. 아버지는 돈을 번다는 이유 하나로 독불장군처럼 굴었다. 우리 집은 아버지 목소리밖에 들리지 않았다. 엄마만 참으면 집안의 평화가 지켜진다고 생각한 듯하다. 참는 것이 능사는 아니었다.

'엄마도 직장 다니면 아버지한테 큰소리칠 수 있을 텐데.' 어릴 적, 철없는 마음에 엄마를 다그쳤다. 그때마다 엄마는 '어린 너희를 누가 돌봐? 적당한 일자리도 없더라. 너희 아버지가 벌어다 주는 돈 아껴 쓰며 사는 게 낫다.'라고 체념한 듯 말씀하셨다. '어떻게 화도 안 나?' 나였다면 백번도 더 이혼했을 텐데. 그때 나는 그런 엄마를 위로하고 싶었던 것 같다.

친정엄마에게는 고민이 하나 있었다. 외할머니가 지병을 앓고 계셨는데, 큰외숙모와 함께 살면서 병세가 깊어지면서 간호가 필요해진 거다. 외숙모는 혼자 감당하기에 벅차 다른 형제들에게 도움을 요청했다. 친정엄마 형제들 역시 각자 사정이 좋지 않았다. 작은외삼촌은 외숙모 눈치만 살폈고, 이모는 직장을 다닌다는 이유만으로 차일피일 미뤘다. 엄마도 마찬가지였다. 아버지 눈치를 보랴, 어린 남동생 돌보랴, 아이들 도시락을 챙기랴, 숨 가쁜 일상 속 여유가 없었기 때문이다. 서로 눈치만 살폈다.

엄마는 맏딸로서 역할을 다하려 했지만, 외할머니를 모시지 못한 죄책감에 엄마는 늘 마음 아파했다. 병원비가 부담스러웠던 형제들은 아무도 외할머니를 모셔야겠다고 생각하지 않았다. 뾰족한 해결책 없이 형제들이 돌아가면서 모시는 방법밖에는 다른 방도가 없었다. 누구도 난감한 상황을 극복하려고 하지 않았다. 외할머니는 제대로 된 간호조차 받지 못한 채 합병증으로 돌아가셨다. 서로 모시기를 꺼렸다가 돌이킬 수 없는 후회를 안게 되었다.

엄마가 그때 직장을 가졌더라면 하는 아쉬움이 한 구석에 남아 있다. 후회해 본들 무슨 소용이 있겠냐만, 아직도 그 시절을 떠올리면 가슴이 저린다. 세월이 한참 흐른 지금까지도 엄마는 할머니를 집으로 모셔 오지 못한 것을 후회한다. 지나온 시간을 이야기할 때마다 핀잔을 주기도 했다.

'며칠만이라도 집에 모시고 오지 그랬어.' '너희 아버지 눈치가 보여 아무것도 할 수 없었어.'

'어려울 때를 대비해 경제적 여유를 마련해 두었다면 얼마나 좋았을까?' 엄마에게 원망하듯 짜증을 부렸다.

고등학교를 졸업하고도 엄마는 직장생활 없이 집안일만 도우며 지냈다. 젊은 시절에는 여성이 직업을 가진다는 것 자체가 모험과도 같은 일이었다고 한다. 겁이 많았던 엄마는 세상 밖으로 나갈 마음조차 내지 못했다. 꿈을 이루도록 도와주었던 큰외삼촌이 갑작스럽게 세상을 떠나면서, 대학 진학을 포기할 수밖에 없었다. 스스로 학비를 벌어 대학교에 간다는 건 엄두도 못 냈고, 부모님께 손을 벌리는 일이 될까 봐 말씀조차 꺼내지 못했다고 한다.

'먼저 도움을 받고 월급 타서 갚으면 되는 거잖아.' 그런 방법은 미처 생각하지 못했다고 한다. 시간이 흐르고 잊을 만하면 대학에 가지 못했던 아쉬움을 꺼내 놓으셨다. 듣고 있는 나도 마음 한쪽이 아렸다. 아무것도 달라진 건 없었다.

난 정말이지 엄마처럼 살고 싶지 않았다. 누구의 도움 없이 혼자 힘으로 원하는 삶을 꾸려 나가고 싶었다. 대학교 때 등록금 외에는 부모 도움을 받지 않았다. 용돈은 아르바이트로 충당했다.

부모님께서도 처음에는 놀라셨지만, 그 속에서 자신감과 독립심을 키울 수 있었고, 대학 졸업 후 진로 또한 스스로 결정했다. 여러 곳에 입사 원서를 제출하고 면접을 위해 발품을 팔기도 했지만, 애쓴 만큼 좋은 결과로 이어지지 않을 때가 많았다. 경험을 통해 문제의 원인을 찾아 보완하면서 현재 직업을 가졌다. '아이가 중요하지, 다른 게 뭐가 필요해?

지금이라도 직장 그만두고 육아에 전념하는 게 어때?' 주변의 여러 목소리에 마음이 흔들리면서 당장이라도 모든 걸 내려놓고 싶은 마음이 컸다. 직장이 주는 경제적인 안정감과 성취감 또한 포기할 수 없었다. 내가 번 돈으로 부모님께 따뜻한 마음을 표현할 수 있다는 사실은 무엇과도 바꿀 수 없었다.

직장생활과 육아를 병행하기는 쉬운 일이 아니었다. 하루하루가 도전의 연속이었고 지쳐 쓰러질 것 같은 순간에도 직장에서의 성장도, 아이와 함께하는 소중한 시간도 어느 것 하나 놓치고 싶지 않았다.

모든 걸 지탱할 수 있었던 것은 가족이라는 든든한 버팀목 덕분이었다.

7

우리의 시작

 서른 살 때 여동생이 소개해 준 미팅에 나갔다. 남자는 잘생긴 편은 아니었고 키는 작았다.

 엄마는 입버릇처럼 촌사람을 만나야 한다고 했다. 촌사람들이 넉넉한 마음을 가져서 좋다는 이유에서였다. 지극히 혼자만의 생각이었다. 귀에 못이 박히도록 들었다. 나도 모르게 엄마 기준으로 그를 바라보았다. 첫인상은 그리 나쁘지 않았다. 약속 시간보다 30분 늦게 도착했다. 첫인상이 외모만을 의미하는 것은 아니다. 시간 약속은 신용과 신뢰의 문제다. 늦은 이유를 듣고 나니 오히려 자존심이 상했다. 중요한 만남이라 생각했다면, 늦지 않았어야 했다. 그 생각이 머릿속을 떠나지 않았다.

 대화는 어색하지 않았다. 차를 마시고 점심까지 함께하며,

카페에서 오랜 시간 이런저런 이야기를 나눴다. 그 시간 동안 상대가 나에게 호감이 있다고 착각했다. 하지만 집까지 데려다주고는 뒤도 돌아보지 않고 가버렸다. 전화번호도 주지 않았고, 헤어진 후에도 아무런 연락이 없었다. 첫 만남은 그렇게 거절당한 것이나 마찬가지였다. '곧 연락이 오겠지.' 하는 기대와 먼저 매달리고 싶지 않은 자존심만이 맴돌았다. 먼저 문자라도 보내 보라며 성화였지만, 도무지 마음이 움직이지 않았다.

만남 전 꿈을 꿨는데, '말을 탄 한 남자가 집 앞에 와서 내리지 않고 조금 있다가 갈게요.' 말만 남기고 사라지는 꿈이었다고 한다. 너무 아쉬움이 남았는데, 혹시 그 남자가 이 사람일지 모른다고 말씀하셨다.

엄마는 미련을 버리지 못했다. 듣고 보니 나도 이상하게 그럴 것 같은 예감이 들었다. 혹시나 하는 마음에 엄마와 나는 기다렸지만, 연락은 오지 않았다.

열 개가 넘는 계 모임에 가입해 일주일 내내 참석했다. 키가 크다고 했지만 실제로 작거나, 성격이 좋다고 했지만, 커피 한 잔만 마시고 자리를 떠난 사람도 있었다. 자기 자랑만 늘어놓는 사람도 있었고, 얼굴이 못생겼다고 노골적으로 지적하는 사람까지 있었다. 서른 중반이 되면서 나이가 많다는 이유로 만남의 기회마저 줄었다. 마음이 맞는 사람을 찾기는 어려웠다.

서른아홉 살 되던 해, 또 한번 주선을 받았다. 대학 졸업했고, 형제와 부모가 있고, 직장 다니는 총각이라 했다. 이번 만남도 계 모임 회원을 통해 건너 건너 이어진 자리였다. 남자 집안이 좋다는 이야기가 있었고, 주변에서도 이번만큼은 성사되어야 한다며 응원과 격려를 아끼지 않았다.

여동생은 어딘가 이상하다며 10년 전 소개 해주었던 선배가 아닌지 의심했다. 만나지 않는 편이 좋겠다며 탐탁지 않아 했다. 어디에서 인연이 나올지 모르니 일단 만나보기로 했다. 직장 동료들 사이에서 까칠한 남자로 알려졌다는 이야기를 들었지만, 동생 말을 무시하고 약속 장소로 나갔다.

그날 만난 사람은 바로 10년 전 그 사람이었다. 다시 만날 줄은 꿈에도 몰랐다. 그 만남은 우연이 아니라는 생각이 들었다. 한 번 만남으로 결혼 이야기가 오고 갔다. '이때까지 결혼 못 한 건 이 사람을 만나려고 한 거다.' 엄마는 눈 딱 감고 뒤도 보지 말고 결혼하라고 했다.

직장이 부산에 있었다. 울산과 부산 거리는 멀지 않았지만 자주 만날 수는 없었다. 서로 성향을 파악할 시간이 부족했다. 첫 만남처럼 큰 호감을 느끼지 못한 탓인지, 마음이 내키지 않았다. 말주변도 없고 우유부단해 보였다.

세 번째 만남에서 단도직입적으로 결혼을 생각하고 만나는지 물었다. 좋아하는 감정보다는 결혼 적령기를 넘겼기 때문이었다. 세 번 만난 자리에서 결혼 이야기를 꺼내자, 당황한 기색이 역력했다.

부모님의 압박 때문에 결혼을 결심하게 되었다. 그렇게 만난 지 한 달쯤 되었을 때다. 밤늦게까지 사무실에서 야간작업이 있다는 말에, 부산에서 간식과 과일을 가져다주었다. 뜻밖이었다.

늦은 시간에 전화가 걸려 왔다. 남자는 왜 자신에게 마음을 표현하지 않느냐며 불만을 쏟아냈다.

아이도 아닌 어른이 얼굴을 찌푸리며 투정을 부렸다. 사귄 지 한 달이 채 되지 않았을 때였다. 난 오래 사귄 사람이 아니라, 속마음을 보여주고 싶지 않았다. 그는 오랜 친구처럼 편안하게 느낀 건지 거침없이 말을 내뱉었다. 눈물이 왈칵 쏟아졌다. 그의 말과 행동에 실망했다. 기대가 크면 실망도 큰 법이다. 그에게 많은 것을 기대하지 않으려고 애썼다.

내가 먼저 결혼 이야기를 한 걸 후회했다. 거침없이 표현하는 모습에 결혼은 없던 걸로 생각하고 싶었다. 부모님께 자초지종을 말씀드렸지만, 내 말에 귀 기울이려 하지 않았다. 오해하고 있다며 오히려 나를 혼냈다. 마흔을 넘긴 여자와 결혼해 주는 것만으로도 고마워야 할 처지였다. 그러니 결혼할 거면 딴소리하지 말고 시키는 대로 하라는 이야기를 들었다. 두 달 동안 부모님과 실랑이를 벌였지만, 결혼에 대한 혼란스러운 심정은 가라앉지 않았다.

막무가내였던 부모님 태도를 바꿀 용기는 없었다. 만남을 그만두고 싶어 답답한 마음에 대학 선배 언니에게 의견을 물었다. '그렇게 해서까지 결혼해야겠냐고' 되물었다. 말을 듣고 나니 혼란스러웠다.

언니는 답답할 때 철학관에 간다고 했다. 미래에 대해 불안을 느끼는 사람들이 앞날을 내다보고자 유명한 점집이나 철학관을 찾는다는 기사를 본 적이 있다. 고민 끝에 혼자 철학관을 찾아갔다.

처음 방문하는 곳이라 떨렸다. 상담을 받으며 내 생각과 비슷한 의견을 들을 수 있었다. 위안이 되었고 그곳에서 나를 이해해 주는 사람이 있다는 느낌을 받았다.

부모님은 남편을 구세주로 여기며, 이번 기회를 놓치면 큰일 날 것처럼 밀어붙였다. 자식 이기는 부모 없다는 말은 적어도 우리 부모님에게는 통하지 않는 이야기였다.

간절히 바라는 부모님 희망을 무시할 수 없었다. 주위에 마땅히 괜찮은 사람도 없는 상황이었다. '부모님이 괜찮다고 하시니 괜찮겠지.'라는 생각으로 두 달 넘게 불편하게 지내다가 결국 내가 손을 들었다.

결혼하기로 마음먹었다. 급하게 양가 부모 상견례도 끝냈다. 상견례 후 차 한잔 마시러 가던 중 교통사고가 났다. 결혼 날짜까지 정했지만, 결혼을 미루고 싶다는 생각만 들었다. 이미 동료와 친척들에게 소식을 알린 터라 쉽게 물러설 수도 없었다. 자꾸만 불길한 징조인 것처럼, 머릿속을 떠나지 않았다.

'별거 아니야, 무시해도 돼.'

아는 선배는 결혼 준비 중 세 번이나 교통사고를 당하고도 잘 살아 있는 친구 이야기를 꺼내며 안심시키려 했다. 기분은 여전히 찜찜했고, 불안한 생각은 잠시뿐인 듯하다가도 다시 떠오르는 거다.

끊어졌다고 생각했던 관계가 다시 연결되다니. 옷깃만 스쳐도 인연이라는 말이 현실이 되었다. 엄마의 간절한 바람이 닿아 남편을 만난 것처럼 운명 같은 만남이었다.

8

친정엄마와의 추억

'제발 시집 좀 가줘. 일어나봐, 지금 잠이 와?' 결혼할 때까지 나를 들들 볶은 사람은 바로 엄마였다. 다른 사람 같았으면 지쳐 포기했을 상황이었지만, 굳건히 버틸 수 있었던 건 엄마의 성품 덕분이었다. 엄마와 이야기하는 것만으로 하루의 피로가 풀릴 만큼 편안했기 때문이다. 자식 일만 중요하게 생각하는 마음을 내려놓으신다면, 더 바랄 것이 없었다. 예전에 함께 일했던 장학사의 말이 떠올랐다. 결혼하지 않는 자식을 보는 부모의 마음은 '칼을 입에 물고 있는 것처럼 불안하다.' 했었다. 그때는 이해할 수 없었지만, 시간이 흐를수록 그 말의 의미를 알게 되었다.

엄마는 여든 살이다. 어릴 적 이야기를 자주 하셨다. 그 시절 추억을 떠올리며 동심의 세계로 돌아간 듯 즐거워하셨다.

외가댁은 논밭이 꽤 많은 부자였다. 세 명의 일꾼을 두었지만, 집안일을 도왔다 한다.

일을 돕느라 밥 먹듯이 학교를 빼먹었다. 학교에 가지 않아서 좋긴 했지만, 새참 나르기, 소 풀 베는 일은 엄마 몫이었다. 소 먹일 풀을 가득 담은 소쿠리를 머리에 이고, 돌아오는 길은 무거움보다 기쁨이 앞서 힘든 줄도 몰랐다고 했다. 지금 엄마의 작은 키는 그때의 고생 때문이라고 한다. 장녀였기에 집안일의 부담을 짊어지고 살았다. 일하기 싫어 일부러 학교에서 늦게 온 적도 있었다고 한다.

고등학교 입학시험이 있어도 일에서 제외될 수 없었다는 말에 마음이 아팠다. 일이 넘쳐났다 한다. 입학시험은 쳐야 하고 준비할 시간은 없었다. 일주일 밤을 꼴딱 새워가며 시험 준비를 했다. 시험은 객관식 문제였다. 학교를 간 시간보다 가지 않은 시간이 많아 학과 내용을 알 리가 없었다.

코피 흘리며 기출 문제를 무조건 달달 외웠다 한다. 공부를 진심으로 한 적이 그때뿐이었다며 껄껄댔다. 이상하게도 시험 전 날밤 엄마 외조부가 꿈에서 시험 문제 답을 가르쳐 주고 홀연히 사라졌다 한다. 그냥 꿈이라고 생각했을 뿐이었는데, 시험 중에 가르쳐 준 답과 똑같았고 답을 외운 거도 아닌데 신기했다고 한다. 현실적으로 가능한 일인지 '우와'라는 감탄만 쏟아냈다. 어릴 때 공상 만화를 많이 읽은 거 아니냐며 엄마에게 핀잔을 주었다. 우연이었을지 몰라도 명문고에 입학했다.

엄마의 울산여고 합격 후기를 귀에 못이 밝히도록 들었다. 역시 꾸준히 노력하고 반복하는 건 좋은 결과가 있었다. 성공 이야기는 여러 번 들어도 싫증이 나지 않았다. 아마도 나도 그렇게 되고 싶은 마음 때문이었을 터다. 고등학교에 입학해서도 집안일은 챙기며 공부해야 했다. 밤늦게까지 공부하고 와서 설거지와 청소하는 일이 당연하다 여겼다. 뜨거운 물도 없었다. 땔감을 넣어서 군불을 지펴야 하는 불편함도 견뎠다. 엄마의 손등은 거칠고 주름이 많다. 일을 많이 한 엄마의 손은 딱딱했다. 손을 볼 때마다 엄마의 어린 시절이 떠올랐다.

아버지가 퇴직하시면서 소일거리 삼아 매실나무를 키우기 시작했다. 평소에는 밭을 가꾸고 거름을 주는 일은 아버지 몫이었다. 매실 수확 철이 되면 이야기는 달라졌다. 그때부터는 온전히 엄마와 나만의 일이 시작된다.

뙤약볕이 쏟아지는 매실 밭에서 고개를 치켜들고 매실을 따는 일은 끝없이 반복되는 고된 작업이었다. 벌레에게 물려 온몸이 간지러워도, 땀방울이 눈에 들어가 따가워도 견뎌야 했다. 이마를 타고 흐르는 땀방울은 등줄기로 흘러내렸다. 매실 수확은 멈출 수 없었다.

갓 수확한 매실을 다음 집화 장소로 옮기는 작업 또한 만만치 않았다. 매실에 흠집이 나지 않도록 조심스럽게 망에 담아야 했고, 무게를 측정하기 위해 무거운 매실망을 수없이 들었다 놓기를 반복했다.

숨이 턱까지 차오르는 순간이었지만 모든 과정이 매실을 잘 보존하기 위한 필수적인 작업이라 손이 많이 갔다.

수확시기가 지난 후에도 열린 열매의 양이 예상보다 많았다. 수요가 없어 많은 양을 버릴 수 없어 담금주와 매실액을 만들었다. 밤새 불순물을 제거 후 씻는 일은 내 몫이었다. 동생들은 약속이 있다며 이 핑계 저 핑계로 코빼기도 보이지 않았다. 고된 일을 도울 사람은 나밖에 없었다.

힘듦을 알기에 보탬이 되고 싶었다. '네가 있어서 천만다행이야.' 고마워하는 마음에 힘든 줄 모르고 불평 없이 도왔다. 그저 도울 수 있다는 사실만으로도 행복했다.

2020년 전화벨이 울렸다. 새벽에 울릴 리가 없는데 예감이 좋지 않았다. 엄마가 뇌졸중으로 쓰러졌다. 빨리 오라는 동생 말에 알았다고 대답하고 종료 버튼을 누르지 못했다. 전화기를 들고 한참을 서 있었다. 머릿속에서 팽이가 돌아갔다. 몸이 휘청거리는 느낌에 책상을 붙잡았다.

사흘 동안 혼수상태였다. 나흘째 되는 날 아침, 침대에 엎드려 있는데 엄마 목소리가 들렸다. 다행히 가족 얼굴을 알아봤다. 초조하게 기다렸던 마음이 놓였다. 이제 어디를 가도 불안하다. 전화벨만 울려도 심장이 두근거린다. 엄마의 하루를 바라보는 마음이 저리다.

위험한 고비를 넘긴 지 벌써 5년이 지났다. 치료에 좋다는 한방의는 모두 찾아다녔지만, 큰 차도는 없었다. 가족 모두가 병구완에 매달려 정신없이 지냈다. 기약 없는 병간호로 스트레스가 컸지만, 거동하실 수 있다는 것만으로 만족해야 했다.

엄마는 한탄하는 일이 잦았다. 왜 하필 나인지 모르겠다며 매일 우셨고, 나도 같이 눈물을 흘렸다. 자신을 돌볼 겨를조차 없는 상황에서 자식까지 챙겨야 했기에, 무거운 짐을 함께 나눌 사람이 없어 힘드셨을 것이다. 그 마음을 미처 헤아리지 못했다.

엄마와 추억을 나누는 토요일은 내게 소중하다. 자주 함께하는 싶지만, 마음처럼 쉽지 않을 때가 많다. 곁에 있는 것만으로 든든한 존재인 엄마. 넘치는 사랑을 받으며 자랐고, 이제 내가 자식을 낳아보니 깊은 마음을 알게 되었다.

한없는 사랑으로 나를 지켜주었던 것처럼, 이제는 내가 엄마의 삶에 위로가 되고 싶다. 앞으로도 엄마와 함께할 수 있는 소중한 시간들이 오래도록 계속되기를 바란다.

곁에 있다는 사실만으로 나는 언제나 든든했다. 낯선 환경이나 새로운 도전이든, 망설임 없이 뛰어들 용기가 생겼던 것은 엄마 존재 덕분이었다.

> 감정 한 걸음 더

 육아라는 낯선 세계에 발을 들이기 전, 내 삶의 중심은 '나'였다. 퇴근 후의 자유는 당연했다. 주말의 늦잠과 충동적인 소비는 나를 채우는 즐거움이었다.
 세상은 어른들의 시선으로만 보였고, 공공장소에서 소리치는 아이들을 보며 불편함을 느꼈다.
 나만을 위한 시간은 아이의 울음소리에 맞춰 사라졌고, 밤새도록 잠 못 드는 날들이 이어졌다. 나를 위한 옷 한 벌보다 아이의 분유와 기저귀가 먼저였다. 세상은 아이의 눈높이로 다시 보이기 시작했다. 길가의 작은 개미 한 마리에도 아이는 환호했고, 나는 잊고 지냈던 세상의 신비로움을 새롭게 발견했다.
 육아는 나를 지우고 아이를 더하는 과정이 아니었다. 나라는 존재는 희미해졌지만, 그 자리에 더 큰 사랑과 책임감, 그리고 삶의 경이로움이 채워졌다. 육아는 단순히 아이를 키우는 일이 아니라, 이기적이던 내가 이타적인 존재로, 불완전했던 내가 비로소 완전한 '어른'으로 성장하는 과정이었다. 아이의 손을 잡고 걷는 지금, 나는 비로소 삶의 진정한 의미를 깨닫는다.

제 2 장

초보 엄마의 시행착오

아프면 아프다고 이야기하고, 힘들면 도움의 손길을 내밀 수 있는 건강한 아이로 자라게 하려면 '나는 넘치는 사랑을 받고 있다.', '나는 사랑을 받을 자격이 있는 존재다.'라는 뿌리 깊은 믿음을 심어줘야 한다.

『나를 돌보지 않는 나에게』, 정여울

1

마흔에 시작된
두 번째 인생

마흔에 결혼했다. 결혼한 지 한 달도 채 되지 않아 양가 부모님은 아이 소식을 재촉했다. 결혼 전부터 아이를 가질 생각이 없었다. 한 사람의 인생을 책임질 확신도 용기도 없었기 때문이다.

단테가 "그대의 길을 가라. 남들이 무엇이라 하든 내버려 두라." 했던가. 그 말에 맞장구치고 싶은 마음이 간절해졌다. 지금 아이를 가져도 고령 출산이었다. 주변 사람들은 말했다. 신혼 초라 그런 거야. 좀 지나면 후회할걸? 그 말들을 무시할 용기가 없었다. 생명은 소중하다는 것을 알지만, 과연 그 생명을 온전히 책임질 수 있을지에 대한 고민이 마음을 짓눌렀다.

일부러 아이를 낳지 않겠다고 결심한 것은 아니다. 엄마가 되고 싶은 마음이 들지 않았을 뿐이다. 아이를 애타게 기다린 적은 없었다. 결혼 후 아이를 키우는 친구들은 내가 여유 시간도 많고 자유로워서 부럽다고 했다. 아이를 싫어하는 것은 아니었다. 늦은 나이에 출산하는 것이 두려웠다. 친정엄마는 '일단 낳아봐.', '내가 키워줄 테니 고민하지 말라.'며 설득했다. 과연 좋은 엄마가 될 수 있을지 확신이 서지 않았다.

 형제자매들은 모두 자녀가 있다. 아이를 낳을 거냐는 질문에 선뜻 대답하지 못했다. 나만 괜찮으면 그만이라는 생각이 들다가도, 아이 없는 삶이 두렵기도 했다.
 결혼 전에 산전 검사를 미룬 것이 후회됐다. 쑥스러워 미루었다. 직장과 집에서 가까운 곳을 정하고 남편과 상의했지만, 자녀 계획에 대한 의견이 달랐다. '무슨 검사냐, 그냥 가지면 되지'라는 남편의 무심한 말에 서운함이 밀려왔다. 챙길 것이 있으면 꼼꼼히 조사하고 싶은 내 마음을 '이건 아니야'라고 단정 짓는 남편의 말이 하루 종일 목에 걸렸다. 결국 혼자 병원에 가서 검진받았다. 생각보다 복잡하지 않았고 마음 편히 검사를 마쳤다. 엄마가 될 준비를 마친 것처럼 기분이 가벼웠다. 속으로는 남들처럼 나도 아이를 키우고 싶은 욕심이 있었던 건지도 모르겠다.

천사가 찾아왔다. 난생처음 보는 두 줄. 설렘과 긴장으로 가슴이 뛰었다. 9주가 지난 후 검진받았다. 의사의 말을 직접 들으니 막연하게만 생각했던 상상이 현실로 다가와 묘한 기분이 들었다. 마흔에 만난 생명. 고위험 산모였다. 담당 의사는 노산이라는 점을 특별히 강조하지는 않았다. 다만, 자연분만보다는 제왕절개를 권했다. 잠시 말을 아끼더니 조심스러운 어투로 설명을 이어갔다. 서른다섯 살부터 노산으로 분류되니, 산모의 고생을 덜기 위해 권유한 것이라고 했다.

검사 일자가 다가올 때마다 심장이 쿵쿵거렸다. 임신 16주 차에 들어서면서 입덧이 심했다. 다행히 다른 사람들에 비해 입덧이 심한 편이 아니었다. 직장생활 하면서 체중 관리와 컨디션 조절에 신경을 썼다. 17주 차. 처음에는 긴가민가 하더니 태동이 처음 느껴졌다. 거품이 생기는 듯한 움직임이 확신으로 바뀌었다. 임신 전부터 입던 고무줄 바지가 불편해지는 게 느껴졌다. 임신 28주 차. 입체 초음파 촬영이었다. 아이가 자란 후에 얼굴을 볼 수 있다고 해서 궁금했다. 정밀 초음파실에서 촬영하며 손과 발 같은 외형부터 상세하게 설명 들었다. 다행히 이상 없었고 걱정했던 태반 위치도 괜찮았다.

임신 후기에 가까워질수록 생전 처음 겪는 치골 통증은 불쾌하고 아팠다. 일어서거나 걸을 때마다 몸이 무겁고 둔해져 빠르게 움직이지 못하는 나무늘보가 된 듯했다. 모든 불편함을 감수할 수 있었던 건 아기가 잘 자라고 있다는 사실 때문이었다.

자연분만과 수술을 두고 고민했지만, 나는 자연분만을 목표로 삼았다. 노산이라는 꼬리표가 붙었고 나약함이 자리 잡혔다. 라디오에서 자연분만이 힘든 산모의 사연을 접했다. 시어머니가 끝까지 자연분만만을 고집하다가 산모가 고생한 끝에 수술했다는 이야기였다. 사연을 접하고서야 직접 겪어보지 않으면 알 수 없다는 새로운 관점을 갖게 되었다. 엄마에게 출산 경험을 물으면 오래된 일이라 기억나지 않는다며 괜찮다고만 말했다. 의사, 남편, 먼저 낳은 선배들의 이야기를 들었지만, 어떤 방법이 최선인지 끝까지 확신하기 어려웠다.

출산일이 가까워지면서 몸에 기운이 없고 원기가 부족하다는 느낌이 자주 들었다. 그날따라 남편에게 반찬이 많은 푸짐한 한정식을 먹고 싶다고 이야기했다. 남편은 주변에 마땅한 맛집이 없다며 집에 있는 반찬으로 저녁 해결하자고 했다.

'미처 신경 못 썼네. 내일은 꼭 네가 먹고 싶다는 한정식집 알아봐서 같이 가자' 말까지 바라지도 않았다. 하다못해 배달 음식이라도 시켜서 입맛을 돋우어 주려는 시늉조차 없었다. 내 말은 한 귀로 듣고 한 귀로 흘리는 남편이 야속했다. 남편은 분명 세심한 말보다는 묵묵히 제 역할을 해내는 든든한 사람이었다. 야속함 역시, 우리에게 찾아올 아이를 위해 애쓰고 있을 남편에 대한 잠깐의 투정이라 여기며 마음을 다잡았다.

새벽, 배에 통증을 느꼈다. 밤에 먹은 음식이 잘못된 건지, 아니면 출산일이 4주가 남았는데 벌써 나오려는 신호인 건지 알 수 없었다. 처음에 견딜 만했던 통증은 시간이 갈수록 강해졌다. 저절로 신음이 터져 나왔고 식은땀이 비 오듯 쏟아졌다.

진통이 오지 않는 순간에도 온몸이 욱신거렸다. 몇 시간이 흘렀을까. 더 이상 견디기 힘든 통증이 되어서야 병원을 찾았다. 긴급으로 분만실로 갔다. 아기가 당장이라도 나올 것 같은 긴박한 상황까지 버텨 냈다는 걸 알게 되었다. 담당 의사는 너무 늦게 왔다며 놀란 표정이었다.

산모분, 눈 떠요. 힘주세요. 희미하게 들리는 소리에 힘껏 힘을 주었다. 긴급으로 들어간 분만이 2시간이 넘도록 나오지 못했다. 시간이 지체되었다.

간호사 두 분이 침대 위에서 양쪽으로 누르면서 울음소리가 들렸다. 실감 나지 않아 저절로 눈물이 흘러내렸다. 엄마 뱃속이 불편했는지 예정일보다 일찍 세상에 나왔다.

'자연분만이 산모에게 해롭지 않다' 입버릇처럼 말씀하시던, 친정엄마는 자연분만을 강조하셨다. 노산이라는 주변의 걱정에도 자연분만을 고집할 수 있었던 건, 아마도 무의식중에 엄마의 말씀이 영향을 미쳤기 때문일 것이다. 모두의 걱정과 달리 순조롭게 자연분만에 성공하자 주위에서 놀라워했다.

자식을 낳아보아야 부모 마음을 안다고 했던가. 엄마의 깊은 뜻을 헤아릴 수 있었다.

아이를 낳기 전과 지금, 삶이 완전히 달라졌다. 예전에는 철없고 세상 물정 몰랐다면, 처음 엄마가 되니 육아는 버겁기만 했다. 아이가 아파 밤샐 때나, 떼쓰는 아이 앞에서 어찌할 바를 몰라 쩔쩔맸다. 힘든 모든 순간에도 혜승이가 나에게 온 건 선물이었다.

마흔에 시작된 새로운 삶을 통해 가장 크게 변화한 것은 바로 나 자신이다. 부모가 될 기회를 얻으며, 성장했고 세상을 바라보는 눈도 바뀌었다.

2

엄마 체험

 결혼 전, 시누이가 법륜스님의 『엄마 수업』을 선물해 주었다. 당시에는 '엄마가 되는 데 무슨 수업이 필요할까' 싶어 흥미를 느끼지 못했다. 이제야 책의 내용이 눈에 들어왔다. 먼저 눈에 들어온 것은 책 표지 문구였다. "여자는 자식을 낳고서도 혼자 몸일 때와 같은 연약한 여자의 심성으로 살면 자식을 잘 키울 수 없다. 이런저런 자극에 흔들리며 불안해하고, 자기 마음대로 안 된다고 성질내던 내 습관대로 아이를 키우면, 아이도 엄마처럼 불안정하고 분노가 많은 사람이 된다." 결혼 전에는 이 문구가 와 닿지 않았다.

 엄마 마음 상태가 아이 성장에 결정적인 요인이 된다는 것은 사실이었다. 그뿐 아니라 아이의 성격과 소질은 임신 중의 태교와 생후 15개월에 좌우된다고 한다. 사전 지식이 부족한 터라 안정된 마음 상태에서 아이를 가질 수 있도록 노력하지 못했다.

　태교를 위해 책을 읽었다. 하품만 나와 집중 못 했다. 뱃속 아기에게 도움 된다고 생각했지만 당장 필요성을 느끼진 못했다. 억지로 읽어서 그런지 내용이 와닿지 않았다. 글자는 검정이요 종이는 흰색이라는 사실만 알 뿐. 책이 주는 기쁨을 알 리 없었다. 책들이 임신, 출산, 육아, 태교 동화 위주여서 지루하게 느껴졌다. 하지만 임신과 육아에 대해 아는 것이 전혀 없는 상황이라, 그래도 도움이 될 거라는 믿음으로 읽었다.

　적어도 부모가 알아야 할 내용들로 빼곡하게 적혀 있었다. 크기도 크고 무거웠다. 정보가 많아 집중해서 읽지 않으면 읽기 어려워 백과사전 읽는 느낌이었다. 아기 월령별로 부모가 어떻게 행동해야 하는지를 알려준 듯했다. 하루에 한 장만 읽어도 많이 읽는 셈이었다. 책을 사두고 읽지 않을 때가 많았다.

　태교 동화를 초기부터 소리 내어 읽었다. 남편이 읽기도 하고 내가 읽기도 했다. 아기를 위한 태교라기보다는 부모를 위한 태교 동화였다. 아기를 키우면서 가져야 할 마음가짐을 되새기는 계기가 되었다.

다양한 종류의 이야기가 서양, 동양, 탈무드, 위인전 등으로 고루 섞여 있었고, 적당한 길이 덕분에 부담 없이 읽어주기 좋았다. 동화를 읽는 동안, 엄마가 되는 과정을 미리 경험할 수 있다는 것을 막연하게나마 알게 되었다.

누구나 엄마는 될 수 있지만, 진정한 엄마가 되기 위해서는 인내가 필요했다. 아이에게 충분히 넘칠 만큼 마음을 주었던가. 일이 바쁘고 몸이 피곤하다는, 이유로 엄마로서 도리를 잊고 지낸 건 아니었을까. 아이 가슴에 상처를 낸 건 아닐까. 스스로 돌아보며 살폈다.

악기 하나 배울 때도 운동을 처음 시작할 때도 사전 체험이 가능하지만, 엄마 되는 체험이란 건 존재 하지 않았다. 주변에서 많은 경험을 통해 엄마의 고충을 어렴풋이 짐작만 할 뿐이었다.

책이 엄마의 생각을 들여다보는 시간을 가지는 용도로 활용할 수 있었다. 내 생각을 이해시키기는 대화보다, 평화로운 현 상태를 지키기 위해 말없이 넘어가는 경우가 잦아졌다. 충분한 소통이 이루어지지 않을 때가 많았다. 책이야말로, 돈으로 살 수 있는 것 중에 유일하게 나를 멋진 엄마로 만들어 줄 거라 믿었다.

대학교 때 교양과목으로 부모 교육 강의를 들었다. 학점을 받기 위해 선택한 과목이었다. 개념 위주의 강의라 한 귀로 듣고 한 귀로 흘렸다. 강의 내용이 막연했다. 이해되지 않았다. 시험 칠 때만 달달 외웠던 기억이 난다. 머리에 남은 지식은 없었다. 현실과 먼 단순한 이론적 지식만으로는 사람을 변화시킬 수 없었다. 만약 실습이 병행된 강의였다면, 지금쯤 멋지고 준비된 엄마가 되어 있지 않았을까 싶다.

아무도 내게 좋은 엄마가 되는 방법을 가르쳐 주지 않았다며 말도 안 되는 핑계를 댔다. 아이가 없었을 때는 육아에 관심이 없는 게 당연하다 여겼다.

막상 엄마가 되고 보니 손도 쓸 수 없을 만큼 혼란스러웠다. 그야말로 체감 온도는 영하 50도보다 더한 혹한기와 같았다. 잘 먹고 잘 자는 순한 아이였다면 엄마의 손이 덜 갔을 텐데. 잠시 곁눈질조차 허용되지 않는 하루하루를 보냈다. 숨이 가빠오고 순간순간 멍해지면서 정신이 혼미해졌다.

기본 육아서를 읽어보려 했으나 눈에 들어오지 않았다. 보채는 아이 달래면서 기저귀를 채우다가 흘러내렸다. 이유식은 태워 먹었다. 2주에 한 번은 열감기로 병원을 드나들었다. 육아휴직 하는 동안 내리 2시간을 잔 적이 없었다. 당장 눈앞의 상황을 수습하기에 급급했다. 엄마의 길은 멀고도 험준한 길일까? 의문도 들었다. 쉽게 엄마가 될 수 있는 방법을 찾으려고 혼자 헤맸던 것 같다. 사전 지식 하나 없이 백지상태에서 엄마가 되는 법을 알 턱이 없었다.

혜승이가 여덟 살이 되고 나서야 부모 교육프로그램이 눈에 들어왔다. 경험이 쌓이면 양육에 대한 지식도 늘어갈 줄 믿었다. 하지만 아이에게 신경질적으로 대하고 있었고, 진득하게 기다려 주지 못했다. 큰 소리 내지 말아야 한다는 이론만 떠올렸다. 아이를 혼내는 순간에 머릿속을 스쳤다. 이미 입으로 내뱉고 난 상태에서는 주워 담을 수 없는 노릇이었다. 밀린 숙제 하라는 말 떨어지게 무섭게 마무리하지 않았다는 이유로 다그쳤다. 엄마 체험의 시간은 더 필요했다. 아이 행동 하나하나에 입을 댔다.

2년을 육아휴직 했다. 육아의 고단함을 남편은 알 리 없었다. 집에 있는데 뭐가 그렇게 힘드냐며 나의 상황을 쉽게 단

정해 버렸다. 육아의 힘듦을 알아달라고 했지만, 자신이 더 힘들다는 남편의 말에 대화가 단절되었다. 서로의 대화 방식에 대해 불만을 토로할 뿐이었다. 사소한 마음에서 불거진 일로 잦은 말다툼이 생겼다. 별일도 아닌 일에 짜증 섞인 목소리로 아이를 나무랐다.

'너 그런 식으로 할 거면 하지 마.' 소리 높여 아이를 혼내고 난 뒤 후회가 따랐다.

금방 지혜로운 엄마로 바뀔 수는 없었다. 누적된 경험과 지식이 없는 상태에서는 시간이 걸렸다. 하루에도 수십 번 속으로 외쳤을 뿐, 어떻게 말해야 할지 몰랐다.

부모가 자신의 문제를 먼저 바로잡는 것이 진정한 엄마 노릇의 시작이 아닐지 싶다. 마음의 중심을 잡고 지혜로운 엄마로 살아가는 방법으로 첫째, 아이에게 밥과 옷을 챙겨 주는 일만큼이나 마음 편하도록 도와 내면의 힘을 길러주어야 했다. 아이 감정을 이해하고 공감하며 안정감을 느낄 수 있는 환경 만들어 주자. 둘째, 한 번 가르쳐서 안 되면 열 번, 열 번 해서 안 되면 스무 번까지 가르친다는 끈기와 신념이 필요했다. 엄마 속도가 아닌 아이 속도에 맞추어서 포기하지 않는 끈기를 배울 수 있는 본보기가 되자. 셋째, 아이가 서툴다는 이유로 엄마의 감정을 주체하지 못하고 짜증 내는 것은 아이에게 상처를 줄 수 있었다. 스스로 해낼 수 있도록 충분한 시간을 주고, 실수하더라도 괜찮다고 다독여 주는 것이 필요했다. 아이가 잘하지 못한다고 성질에 못 이겨 짜증 내는 엄마가 되기보다는, 지켜봐 주고 기다려 주는 너그러운 마음가짐이 필요했다.

엄마 체험은 내게 무조건적인 사랑이 무엇인지 가르쳐 주었다. 아이의 눈을 통해 세상을 다시 배우고, 나 자신의 부족함을 기꺼이 인정하는 소중한 시간이었다. 엄마라는 이름으로 얻은 가장 위대한 메시지였다.

3

처음 마주하는 세계

부모가 된다는 것에 대해 깊이 생각해 본 적 없었다. 결혼하면 아이 낳고, 정성껏 키우는 일이 당연한 줄로만 알았다.

먼저 결혼한 친구들이 하나 같이 말했다. '결혼해 봐. 마음대로 화장실도 못가. 애 안고 볼일 봐야 해.' '애 없을 때랑 다른 세상이 펼쳐져.' 대체 어느 정도이길래 이렇게 겁을 주는 걸까. 요즘은 결혼 연령이 늦어지거나 결혼을 선택하지 않는 사람들도 늘고 있다. 결혼 후에도 아이를 낳지 않는 부부가 많기에, 결혼이 반드시 출산으로 이어지는 것은 아니다.

아이를 낳는 순간부터, 삶에 변화가 생기고 여러 어려움에 부딪힌다는 것은 어렴풋이 알았다. 평생 신혼 기분처럼 살면 얼마나 좋을까 동경하기도 했다. 그렇다가도 '시작이 반'이라는 말처럼 빨리 아이 키워 놓고 편안히 노년을 보내는 게 더 현명하지 않을까 싶었다. 이런저런 생각과 현실을 고려하다

보니 시간만 흘러갔다.

부모가 되는 일을 미루다 부모가 되었다. 막상 현실로 다가왔을 때의 난감함이 아직도 생생하다. 부모 된다는 것이 무엇인지 한 번쯤 진지하게 고민해 봤더라면, 물 없는 수영장에서 허우적거리는 듯한 혼란의 시간을 줄일 수 있었을 텐데.

부모님은 먹고사는 문제를 해결하기 위해 애쓰셨다. 경제적 기반을 다지는 데, 온 힘을 쏟느라 자식에게 따뜻한 눈길 한 번 주시기 어려웠을 것이다.

'자기 먹을 그릇은 타고 난다.' 말을 들으니, 자식들끼리 서로 도우며 자란다고 믿으셨던 모양이다. 엄마와 아빠 역할이 무엇인지 고민할 틈조차 없었을 터였다. 준비 없이 부모가 된 것에 후회는 없다고 하셨다.

나 역시 준비 없이 엄마가 되었다.

부모가 된다는 것은 아이 한 명을 책임지고 보살피는 일이 아니었다. 지금까지 살아온 삶의 방식을 통째로 바꾸는 일이었다. 화장실 문을 열어 둔 채 볼일을 보고, 밥은 서서 먹었다. 아이를 낳기 전에는 상상조차 못 했던 일이다.

육아는 미지의 세계를 탐험하는 것과 같았다. 단 한 번도

해 보지 않았던 똥 기저귀 치우기, 흘린 밥 주워 먹기 등 모든 생소한 경험은 아이를 낳았기에 마주할 수 있었다.

　이러지도 저러지도 못하는 답답한 순간들이 이어졌다. 아이가 코피를 1시간 이상 멈추지 않던 날, 열이 40도가 넘어 밤을 꼬박 새운 날, 자전거를 같이 타다가 넘어져 다친 날. 그 순간에도 부모가 된 것을 후회할 틈조차 없었다. 눈앞에 닥친 문제를 해결하는 데만 온 힘을 쏟아야 했기 때문이다. 부모가 된 걸 후회한다는 건, 삶에 여유가 있을 때나 생각해 볼 수 있는 사치였다.

　어느 작가의 말처럼, 한 가지 변하지 않는 사실이 있다. "깨물어 주고 싶은 만큼 사랑스러운 작은 존재는 영원히 나의 자식"이라는 걸. 아무리 힘들고 고달픈 순간이 찾아와도 포기할 수 없다는 것이다.

　엄마와 아빠가 된다는 것은 역할 수행하는 것을 넘어, 책임감에 대해 끊임없이 고민했다. 한가로운 생활을 유지하는 일은 불가능에 가까웠다. 잠시라도 눈을 뗄 수 없었다. 아이를 따라다니며 하나부터 열까지 챙겨야 했다. 앉을 틈도 없이 수백 번 일어섰고, '물 줘, 밥 줘.' 하는 아이의 요구가 쉴

새 없이 이어졌다. 잠투정이 심한 아이를 겨우 재우고 나니 녹초가 된 날, 열 경기로 동공이 흔들리는 아이를 바라보며 가슴을 졸이며 견뎌야 했다.

 아이가 태어나면서 남편은 자신에게 관심 두지 않는다며 섭섭해했다. 아이에게 집중하느라 남편을 보지 못했다. 고집대로 하지 않으면 참지 못하는 아이를 대할 때마다 나 또한 폭발하고 싶은 충동이 일었다. 부모가 된다는 것은 더 이상 내 뜻대로만 살 수 없다는 의미였다.

 평온한 일상이 뒤틀렸고 사물을 바라보는 가치관이 모조리 바뀌어 버렸다. 개인적인 삶은 잠시 장롱 속에 감춰 둔 듯 답답하고 기약 없는 여정이 시작된 것 같았다. 깊은 잠이 사치였다. 내 허기는 참아도 아이의 끼는 거를 수 없었다.

 '같이 놀자, 자면 안 돼.'라며 내 눈꺼풀을 치켜올리는 아이를 마주할 때마다 피곤이 물밀듯 덮쳐왔다. 잠시라도 편안하게 몸을 기댈 틈조차 허락되지 않았다. 시간이 그대로 멈춘 듯했다.

 아이가 뒤집기만 하면 곧바로 일어나 걸어, 혼자 숟가락으로 밥을 떠먹을 줄 알았다. 얼마나 순진한 착각이었던가. 스스로 해낼 수 있을 때까지, 묵묵히 기다려 주는 인내가 필요했다.

남편과 한배를 탄 사이지만, 엄마 아빠로서 우리의 호흡은 맞지 않았다. 각자 역할을 다해야 하는데 우리는 서로에게 육아의 책임을 떠넘기기 일쑤였다.

아이는 매일 나의 에너지를 끊임없이 요구했고, 요구 앞에서 서로를 쳐다보며 눈치 게임을 시작했다. '여보, 오늘 내가 일이 많아서 그런데 당신이 좀 보면 안 될까?' '어제는 내가 다 봤잖아. 오늘은 당신 차례 아니야.' 피곤하다는 핑계, 급한 일이 있다는 변명도 그럴싸해졌다. 서로에게 육아의 몫을 떠넘기기에 급급했다.

서로에게 육아를 미루는 시간이 길어질수록 우리 사이에는 알 수 없는 서운함과 오해만 커졌다. '나는 이렇게 힘든데 왜 당신은 나 몰라라 할까?', '내가 더 많이 희생하고 있는 것 같아.' 마음속 불만은 쌓여만 갔다.

부모로서의 성장은 더디고 낯설었다. 천방지축이었던 나에게 아이를 키우는 일은 쉽지 않았다. 어떻게 해야 할지 몰라 좌충우돌하며, 남편과 부딪치는 순간도 많았다. 시행착오 속에서 우리는 협력하는 법을 배웠고, 소소한 기쁨을 발견하며 난관을 헤쳐나가고 있었다. 우리에게는 이 새로운 세상에 적응하여 단단한 부모로 자리매김하기까지는 분명 시간이 필요할 것이다.

4

부모 교육의 필요성

결혼 전부터, 부모 교육이 중요하다는 이야기는 끊임없이 들려왔다. 갓 태어난 아이를 어떻게 돌봐야 하는지, 부부가 함께 육아 책임을 어떻게 나눠야 할지, 아이의 성장 단계에 맞춰 어떻게 마음을 열고 소통해야 할지. 많은 정보가 넘쳤다.

바쁜 결혼 준비와 신혼의 설렘에 밀려 부모 교육은 '나중에', '언젠가는' 막연한 생각만 했을 뿐. 결국 아무런 준비 없이 결혼했다.

부모 역할은 저절로 주어지는 것이 아니었다. 육아란 어떤 역경에도 꺾이지 않는 강한 신념을 요구하는 일이었다. 귀한 생명을 책임지기 위해서는 충분한 역량이 뒷받침되어야 했다.

두 사람이 자라온 환경도 다를뿐더러, 살아오면서 옳다고 믿고 살아온 가치를 아이에게 적용할 위험이 있었다. 부모가 되기 전에는 서로 맞춰가면 된다고 쉽게 생각했지만, 막상 육아 상황에 닥치자 매 순간 갈피를 잡지 못하고 흔들렸다.

결혼 후 찾아온 아이는 더할 나위 없는 축복이었지만, 나에게는 거대한 미지의 세계였다.

두 주간 천국 같은 산후조리원 생활을 마치고 집으로 돌아왔다. 조리원 동기들과 함께 정보를 나눴다. 아이를 잘 키울 수 있을 것 같은 자신감이 샘솟았다. 당연히 잘 해낼 줄 알았다. 육아 책 내용대로 하면 별문제 없겠지. 안심하며 실전에 돌입하는 첫날. 1시간도 지나지 않았다. 안는 방법이 틀린 걸까? 방 공기가 더운 걸까? 아니면 기저귀를 갈아주지 않아 불편한 걸까? 고민할 틈도 없이 우는 아이를 안았다. 어릴 때 운다고 바로 안아주면 '손 탄다.'는 말에 울어도 바로 안아주지 않으려 했다. 온 집안이 떠들썩 할 정도로 울어대는 상황에 안아주지 않고는 견딜 재간이 없었다. 다른 환경에 적응하는 시간이 필요할 거라 여겼다. 시간이 지나도 새하얗게 밤을 지새우는 일이 반복되었다. 정신이 혼미해질 지경이었다. 다시 조리원으로 돌아가고 싶었다.

다른 세계에 들어온 건 틀림없었다. 나의 봄날은 가고, 밤낮을 가리지 않는 육아 시간이 기다렸다. 책을 통해 육아를 배우고 익힐 수 있으리라 착각하고 있었다.

'이럴 줄 알았으면 미리 교육을 좀 받아둘 걸 그랬어!' 부모 교육을 통해 미리 준비했다면 현명하고 침착하게 대처할 수 있었을 텐데. 나침반도 지도도 없이 망망대해를 항해하는 서툰 항해사가 된 기분이었다. 육아 외에 무언가를 할 수 없다는 사실에 내 가능성의 한계를 시험받는 듯했다. 재미있는 놀이도 일로 느껴져 고단했고, 매일 반복되는 육아는 그야말로 버거운 노동과 같았다. 스스로 아무것도 할 수 없는 시기, 육아는 엄마인 나를 꼼짝 못 하게 가두었다. 울면 우유 주고, 떼쓰는 아이 얼러주고, 목욕하기 싫어 도망 다니는 아이를 억지로 데려와 씻기고. 남의 자식이 아닌 내 자식을 키우는 일인데도 즐겁지 않았다.

'힘들어 죽겠다.' 말이 입에서 자연스럽게 튀어나왔다. 부모 역할에 당장이라도 사표를 내고 싶은 심정이었다. 편안한 침대가 아니어도 좋으니, 잠시라도 쉴 수 있는 곳에 대자로 뻗어 실컷 잠들고 싶었다.

친정엄마에게 도움을 요청하고 싶었다. 병원 간호사의 말이 생각난다. '자기 자식은 스스로 키워야 한다.' 그 말이 정신을 번쩍 들게 했다.

70이 넘으신 엄마에게 아이를 맡긴다는 것은 도저히 무리였다.

아이만큼은 내가 키우겠다고 다짐했던 터라 망설였다. 그래도 요청해 보고 싶었다. 하루에도 열두 번씩 마음이 흔들렸다. '나도 이렇게 힘든데 엄마는 오죽할까.' 그 생각에 입을 다물었다.

육아가 여자만의 몫이 아니라는 것은 머리로는 알았지만, 현실은 달랐다. 혼자만 짊어진 육아는 서글픈 그 자체였다. 남편이 덤으로 아이를 돌봐 준다는 느낌이 들 때마다 속이 상했다. 육아휴직으로 집에 있다는 이유만으로, 육아는 온전히 온전히 내 몫이 되었기 때문이다. 욕심 같아서는 당장이라도 모든 걸 버리고 친정으로 달려가고 싶었다.

종일 지쳐있는 내 모습을 남편은 전혀 눈치채지 못했다. 장거리 출퇴근을 핑계로 가사 분담 자체에 의문을 품는 듯했다. 나는 직장을 그만둔 것도 아닌데, 육아휴직으로 집에 있다는 이유만으로 아이를 키우는 일부터 사소한 집안일까지 모두 내 몫이 되는 것이 당연한 현실이 되었다.

퇴근 후, 남편이 하는 일은 밀린 젖병을 소독하고, 기저귀로 가득 찬 쓰레기통 비우는 정도였다. 자발적으로 도와준 적은 손에 꼽을 정도였다. 못마땅해서 화를 내보기도 했지만 서로의 마음을 헤아릴 여유가 없었다. 따뜻한 눈길조차 주지 않았다. 피곤함에 절어 혼미해지는 정신을 붙잡고 버텼다. 밤마다 우유를 타는 것도 늘 내 몫이었다. 세상 모르게 자는 남편을 깨우기가 미안했다. 그냥 참았다. 그래도 한 번은 일어나 도와줄 줄 알았다. 미동도 없었다. 야속해하지 말자고 다짐만 했다.

우리 부부가 부모 교육을 받았다면, 지금쯤 어떤 모습으로 일상을 보내고 있을까? 상상해 본다. 육아는 혼자의 몫이 아니었다. 부모로서 함께 책임지고 공동 부담해야 할 일이고 명확한 역할을 분담으로 소통이 필수였다.

유난숙 교수의 『나는 미래의 좋은 부모』에서 "출산과 결혼 계획이 없는 사람 역시 부모 교육을 통해 올바른 어른이 되는 법을 배운다."라고 했다. 자녀를 키우는 데 있어 부모의 역할과 양육에 대한 이해가 필수였다.

부모 교육을 받을 여유는 없었고, 대신 육아라는 현장에서 직접 부딪치고 깨지면서 배워 나갔다.

활짝 핀 오월의 붉은 장미처럼, 내 마음속 가득 찬 사랑을 혜승에게 부족함 없이 온전히 주고 싶다. 아이가 자신이 세상에서 가장 충분히 사랑받고 있음을 느끼도록 말이다.

여전히 육아는 어렵다. 모르는 것이 많아 예상치 못한 상황에 매번 당황한다. 부모 교육을 받지 않았더라도 좋은 부모가 될 수 있다는 법은 없다는 것을. 중요한 것은 아이를 향한 사랑이며, 이 사랑은 끊임없는 노력을 통해 더 나은 부모로 성장시키며 완성될 것임을 믿는다.

5

세 마리 토끼를 잡는 시간

하루하루 발등에 떨어진 불만 껐다. 발등에 불 떨어질 일이 아닌데도 서두르는 모습을 접할 때마다 다급했다. 당장 불 끄는 데 정신이 팔렸다. 경황없이 지내다 보니 시간이 어떻게 지나가는지 몰랐다. 아이가 눈만 뜨면 밥 달라고, 물 달라고, 무겁게 내리 덮인 눈꺼풀을 치켜올리며 일어나라고 재촉했다. 온종일 계속되는 아이의 칭얼거림을 감당하느라, 나 자신을 위한 시간은 단 1분도 허락되지 않았다.

두 돌이 되자마자 복직했다. 길게만 느껴졌던 시간은 짧게 지나간 듯했다. 당장 육아와 직장생활을 병행할 수 있을지 걱정이 앞섰다. 바쁘고 피곤하다는 이유로 정작 나 자신을 돌보지 못한 후회도 남았다.

이제부터 진짜 시작이라는 말을 들을 때마다, 앞으로 마주할 수많은 과제가 견디기 힘들 만큼 무거운 짐처럼 남았다.

아이를 어린이집에 보내는 일은 매일 아침 전쟁이었다. 가기 싫다며 우는 아이 달래다가 무섭게 혼내기도 했다. 1시간 넘는 실랑이 끝에 아이를 겨우 들여보내고 나서야 출근할 수 있었다. 2주가 멀다 하고 열감기에 시달려 병원을 찾아야 했다.

잦은 병원 진료로 직장에서 눈치를 봐야 했고, 매 순간 천국과 지옥을 오가는 듯한 심정이었다. 환절기만 되면 대기자가 오십 명이 넘어 기본 3시간은 기다리기 일쑤였다. 손에 든 번호표를 보며 한숨 쉬고, 상사에게 늦는다고 양해를 구해야 하는 일이 반복되었다. 마음속 깊은 곳에서 '인생은 돈이 전부가 아니야. 그냥 집에서 아이나 키워. 여자가 출세해서 뭐 하려고?' 괜히 복직했나 싶어 후회하는 마음이 올라왔다.

세 마리 토끼를 잡아야 하는 최대 난관에 봉착했다. 첫 번째는 육아였다. 어린이집 보내는 시기부터 초등학교 입학 전까지는 어린이집, 유치원 선생님 덕분에 별걱정 없이 아이를 맡길 수 있었다. 문제는 유치원 졸업 후 시작되었다. 초등학교 저학년은 일찍 수업이 끝나 홀로 남겨지는 시간이 생겼다. 이후 시간은 혼자 있어야 했다.

퇴근해서 집에 도착할 때까지는 사교육 힘을 빌릴 수밖에 없었다. 하교 후에 혼자 남는 것을 무서워했다. 아이를 학원에 보내기로 했으나 가기 싫다고 떼쓰는 바람에 진을 다 뺐다. 학원에 잘 적응하는 다른 아이들의 모습이 괜스레 부러웠다.

눈만 뜨면 아이는 '나 오늘 학원 안 가.'라는 말로 아침 인사를 대신 해준다. 가슴이 철렁 내려앉았다. '집에 아무도 없잖아. 너 혼자 있어야 해.' 달래듯 이야기하면 아이는 '괜찮아, 혼자 있을 수 있어, 그냥 텔레비전 보고 집에 있으면 되잖아.' 속을 끓이는 말만 골라 한다. 내 말은 씨알도 먹히지 않았다.

'좋아 오늘만 학원 안 가는 거다. 내일은 학원 꼭 가야 해.'라고 허락해 준다. 약속은 온데간데없이 사라지고 자주 학원 땡땡이를 쳤다.

영상과 미디어를 함께하면서 학습 무관심이 커졌다. 해결방안을 찾던 중 '아이돌봄서비스'를 이용하게 되었다. 맞벌이 가정, 다자녀가정 등 양육 공백이 발생한 가정에 아이 돌봄을 제공하는 서비스다. 시간제(생후 3개월 이상 아동), 종일제(36개월 이하 영아) 돌봄이 가능했다. 막막한 순간 유용한 서비스를 이용하게 되어 한시름 놓을 수 있었다.

두 번째, 직장생활이다. 출근할 때마다 10분씩 지각은 기본이었다. 아이가 아프기라도 하면 빈번히 외출 결재를 내야 했다. '저 직원은 도대체 혼자 아이 낳았나. 왜 저렇게 정신없게 다니지.' 말들이 귓가에 맴돌았다. 가슴 한쪽이 찢어질 듯 아려왔다. 결국 일에는 제대로 집중하지 못했다.

반면 출근해서 책상 앞에 앉아 있는 시간이 천국이었다. 집안일을 멈추고 잠깐 쉴 수 있는 시간이었다. 상사의 눈초리가 따갑긴 해도 감수할 만큼 말이다.

세 번째, 친정엄마 돌봄이었다. 엄마는 뇌졸중 후유증으로 왼쪽 편마비로 거동이 불편하다. 잠깐이라도 옆에 가족이 없으면 화장실에 가는 것조차 힘들다.

언제나 건강하고 온화했던 엄마는 우리에게 태양 같은 존재였다. 지금은 태양이 졌지만, 자식들의 보살핌 속에 병세가 호전되기를 바랄 뿐이다. 연세가 있으셔서 건강을 회복하는 데 시간이 오래 걸리나 보다.

평일에는 직장생활과 집안 살림을 병행하느라, 엄마를 돌보는 데 한계가 있었다. 걷기가 불편해 화장실도 자유롭게 이용할 수 없는 상황이다. 충분히 조절할 수 있는 일임에도 혹시나 실수할까 봐, 기저귀를 착용하고 있다. 청결 유지가 중요했다.

주말은 오로지 엄마를 돌보는 시간으로 할애해야 했다. 목욕시키고 끼니를 챙기는 일이 반복되었다. 차마, 잠시 쉬고 싶다는 말을 꺼내지 못했다. 단 한 주라도 빠지게 되면 여동생들의 성화에 시달릴 것이 뻔했고, 숨 돌릴 여유조차 없었다.

오늘 가서 점심은 챙겨드렸어? 동생들의 물음에 가슴이 답답해졌다. 엄마 컨디션은 어때. 또 감기야? 질문들이 감시처럼 느껴졌다. 숨 막히게 주중을 보내고도, 주말에는 휴식 대신 압박이 이어졌다. 다람쥐 쳇바퀴 돌듯 달려야 한다는 생각만 머릿속에 자리 잡았다.

하루 잠적했다. 나부터 살아야겠다는 생각뿐이었다. 종일 침대에서 뒹굴며 쉬었다. 이리저리 자세를 바꿔가며, 그동안 쌓였던 피로를 풀려고 했다. 하지만 나만 이렇게 쉰다고 해결될 일이 아니었기에, 쉬는 동안 편치 않았다. 오히려 잡다한 생각이 꼬리를 물었고, 무거운 기분만 더 깊어졌다.

짧은 여유 속에서 나 자신을 돌아보고 재충전할 수 있었다. 가족 각자가 짊어진 무게를 알기에, 나 혼자 편히 쉬려는 마음을 접었다. 단, 하루도 쉴 수 없는 버거운 현실이었지만,

마땅히 해야 할 책임은 외면할 수 없었다.

  직장과 육아, 부모님 돌봄까지 세 마리 토끼를 동시에 쫓아야 하는 고된 일상, 잠시 멈춰 서서 먼 산을 바라보는 여유야말로 모든 것을 놓치는 불상사를 막아줄 것이라 믿는다. 의도적으로라도 휴식을 내어 소중한 세 역할을 따뜻한 시선으로 바라보는 노력이 필요한 이유다. 잠깐의 멈춤이 오히려 나를 지탱하고 힘차게 나아가게 하는 원동력이 될 것이다.

6

아이는 나 혼자 낳았나

　남자와 여자 사이에 분별이 있어야 한다고 교육받고 자라 온 경상도 아줌마다. 남편은 남자가 부엌에 들어서면 안 된다는 가부장적인 집안 분위기 속에서 자랐다. 그는 이러한 권위가 당연한 줄 알고 살아왔고, 새로운 가정을 꾸린 후에도 태도는 쉽게 바뀌지 않았다.

　하루아침에 행동 방식을 바꾸기는 힘들었다. 남편은 여전히 집안일을 도울 생각이 없어 보였다. 남편 눈에는 혼자 잡아야 하는 세 마리 토끼가 보이지 않았다. 상대를 이해하려고 한 번쯤 너그럽고 깊은 마음을 가져 보라고 이야기했다. 내 말을 흘려들었다. 소중한 존재의 의미를 찾지 못한 채 시간을 보내는 듯했다.

　남자는 남자다워야 하고, 여자는 여자다워야 한다는 가정

교육을 받았다. 중학교에 입학해서도 줄곧 들은 말이다. 내가 다녔던 학교는 남학생에게 눈길 주는 것조차 허용되지 않는 엄격한 분위기였다. 선생님의 직접적인 가르침이 없었더라도 내 머릿속에는 그릇된 고정관념이 박혔다. 큰길을 사이에 두고 왼쪽에는 남자중학교 오른쪽에는 여자중학교가 있었다. 남학생과 같이 걷는 것처럼 보이는 것만으로도 신경이 쓰였다. 잘못한 일도 없는데, 혹시라도 우연한 상황이 생길까 봐 조바심 났다. 그냥 옆에서 함께 걷는 것만으로 강한 벌칙을 받을 거 같은 인식이 뇌리에 박혔다. 왼쪽으로는 눈길조차 주지 않고 경직된 태도로 앞만 보고 걸었다.

등굣길 만원 버스 속에서는 남학생과 부딪치기라도 하면, 그날 하루가 엉망이 된 듯했다. 지금이라면 상상도 할 수 없던 그 시절, 고루한 사고방식 속에서 살아가던 앳된 내 모습이 떠올라 소리 없이 웃어 보았다.

대학 새내기 시절, 가장 큰 관심사는 미팅이었다. 문과 계열 학과였던 나는 공대생과 미팅을 한 번쯤 하고 싶었다. 발 빠른 친구들은 이미 연결 고리 만들어 장소와 시간을 정하는 데 열심이었다. 추진력이 놀라웠다. 속으로 관심이 있으면서도 없는 척하며, 친구들의 후일담을 듣는 것으로 만족했다.

나도 한번 기회 만들어 달라는 말을 차마 내색하지 못했다.

이유 없이 남자를 만나는 일이 왠지 잘못된 것처럼 느껴졌다, 그것이 여자가 지켜야 할 관습인 양 착각했던 것 같다. 예의를 어기는 행동처럼 여겨졌다. 고정관념에서 벗어나지 못한 채 대학 시절에 미팅을 한 번도 하지 않았다. 아니 못했다.

시간이 지나고 나서야 후회가 남는다. 대학생들의 만남은 어떤 감정이었을까?

조건을 전제로 한 만남은 어색하고 부담스러웠다. 공연히 짜증스러운 감정이 앞섰다. 서로를 알아가기 위해 노력해야 한다는 사실이 답답하게만 느껴졌다. '그냥 적령기가 넘었으니 이것저것 생각하지 말고 결혼해야 한다'라는 말이 따라붙었다.

결혼은 '해도 후회, 안 해도 후회'하는 일이라 했기에 차라리 후회하더라도 해보자는 심정으로 버텼다. 막상 마흔이 넘고 보니, 자포자기한 마음으로 결혼했다. 반쯤은 체념한 상태로 이끌려 가듯이 했다. 부모님께 더 이상 걱정을 끼치고 싶지 않은 마음뿐이었다.

다양한 사람들과 만나면서 감정을 조절하고 관계를 맺는

법을 미리 배워두었어야 했다.

결혼 후, 곧 태풍이 몰아치듯 삶의 파도가 일기 시작했다. 남편은 자신 나름대로 가사 분담과 양육에 동참하고 있다고 생각했지만, 내 마음은 반의반도 채워지지 않았다. 도와주는 척 흉내만 내고 있었던 걸까?

열감기, 독감, 중이염을 달고 사는 아이 수시로 병원에 다녀야 했다. 밤새 아이 체온을 확인하고, 해열제 먹이고, 진료 예약날짜를 챙기는 일까지 온전히 내 몫이었다. 남편은 내가 도움을 요청해야 그제야 움직이는 사람이었다.

아이 목덜미에 낀 검은 때를 발견한 순간, 더 이상 참을 수 없어 분노가 북받쳐 올랐다. '도대체 애 씻길 때 어떻게 한 거야? 신경 좀 써. 뭐 하나 제대로 하는 게 없어.' 남편은 억울하다는 듯 반격했다.

어릴 적 밥상 한번 차려 본 적 없는 남편에게 너무 큰 기대를 걸었다.

그날은 무얼 하지 않았다는 말부터 시작해 옛날 섭섭했던 이야기가 끊임없이 쏟아져 나왔다.

'그래 아이는 나 혼자 낳았냐고, 왜 나만 맨날 종아리가 아

프도록 이리저리 바빠야 해? 집안일에 발만 담그지 말고 하나부터 열까지 주관해서 해보라고.'

서로 분을 못 이겨 언성을 높이는 일이 곧잘 일어났다. 흥분하여 소리 지르는 남편에게 언성을 낮추라고 했지만, 결국 싸움은 감정의 폭발로 끝났다. 이런 감정의 골을 어떻게 풀어나가느냐가 가정의 평화를 유지할 수 있는 관건이었다.

남편의 말과 행동은 나에게 깊은 영향을 미쳤다. 그때마다 화를 주체하지 못하고 거침없이 날카로운 말들을 쏟아냈다. 화가 나 뱉은 말 한마디에도 신중했어야 했는데, 혜승이가 듣고 있다는 사실을 깜빡했다. 남편의 잘못으로 상처받은 내 마음에만 충실했던 거다.

'아. 내가 뱉었던 그 말을 아이가 다 들었구나.', '내 감정을 절제하지 못했던 순간들이 아이에게 깊은 상처로 남았겠구나.' 보이지 않는 곳에 있다고 여겼던 아이는 듣고 느끼고 있었다. 부모의 싸움은 아이의 마음에 불안감과 공포를 심어 나의 실책이었다.

아이는 말했다. 잠이 오지 않았어. 혹시나 엄마 아빠가 또 싸울까봐 귀를 쫑긋 세운 채 잠든 척했어. 학교에서는 친구들과 웃고 장난치려 했지만, 마음속은 늘 무거웠어. 혹시라도 친구들이 우리 집 분위기를 알아챌까 봐 불안했어. 선생님이 '무슨 일 있니?' 물어볼까 조마조마했어.

엄마와 아빠가 세상에서 좋은데. 싸울 때면 세상이 무너지는 것 같은 기분이 들어.

이 경험을 통해 감정 조절의 중요성을 뼈저리게 느꼈다. 그리고 아이 앞에서 부모의 언행이 얼마나 신중해야 하는지도. 화가 나더라도 잠시 멈춰 서서 심호흡하고, 아이가 듣고 있다는 사실을 잊지 않으려 한다.

완벽한 부모가 된다는 건 어쩌면 불가능에 가까울 것 같다. 적어도 부모의 격한 감정 표현이 아이에게 불필요한 상처를 남겨서는 안 되었다. 성숙하고 책임감 있는 어른의 모습을 보여주는 것이 우선 되어야 했다.

'아이는 나 혼자 낳았나?'

가슴속에 쌓아두었던 솔직한 감정을 남편에게 털어놓았다. 힘들다, 도움이 절실하다, 혼자 육아하는 것 같다는 말들을 쏟아냈다. 남편이 말없이 내 이야기에 귀 기울여 주는 것만으로도, 그간의 서운함은 조금이나마 씻겨 내려가는 듯했다. 물론 이런 갈등 상황은 다시 마주하겠지만, 이제는 함께 머리를 맞대고 현실적인 해결책을 찾을 수 있다는 희망이 생겼다. 진솔한 대화를 더 나은 내일을 위한 첫걸음으로 삼으려 한다.

7

부모의 진정한 사랑은
기다림

　세상에서 단 하나뿐인 보물을 간직하고 있다. 지구촌 전체를 찾아봐도 이렇게 눈부시고 영롱한 것은 없을 거다. 내 모든 귀한 것 중에서도 으뜸이다. 매일 잠에서 깬 혜승에게 묻는다.
　'우리나라 보물 1호는 동대문.' 그럼 '우리 집 보물 1호는 누구게?' '바로 너야.'
　한참을 헤매다 만난 보배에게 과연 행복을 주고 있는 걸까? 자주 의문이 들었다. 아이와 상의 없이 독단으로 결정을 내리진 않았는지, 스스로 잘하고 있는 아이에게 간섭과 통제로 부담을 주진 않았는지 돌아보았다. 중요한 건 내가 알지 못하는 아이의 마음이었다. 아이의 눈에 비친 엄마 아빠의 모습은 어떠한지 마음속을 들여다보고 싶었다.

어릴 적 우리 집은 빠듯한 살림이었다. 아버지 월급으로 네 남매 교육비며 생활비를 감당하기엔 부족했다. 초등학교 고학년이 되면서 가고 싶은 곳, 먹고 싶은 것도 많았다. 나들이 같은 건 꿈도 꿀 수 없었다. 마음속엔 불만만 가득했다. 언제나 불만이 묻어난 표정과 말투로 가족들 기분을 상하게 했다. 특히 남동생만 챙기는 엄마에게 신경질만 부렸다. 아버지는 무서워 말 한마디 붙이지 못했다. 그 답답함에 엄마에게 나도 모르게 짜증을 쏟아냈다. 내 불만을 받아 줄 사람은 엄마뿐이었다. 동생들에게 괜히 화풀이로 못되게 굴었다. 가난 때문에 밥을 굶으며 살지 않았지만, 마음 한구석이 늘 허전했다. 채워지지 않는 공허함, 무기력. 사춘기가 일찍 찾아온 탓이었을까. 그때는 내 안의 감정을 어떻게 다루어야 할지 몰랐다.

이모가 오는 날만을 손꼽아 기다렸다. 나의 중, 고등학교 시절은 카세트테이프 시대였다. 지금이야 마음만 먹으면 영어 회화나 음악을 쉽게 접할 수 있지만, 당시 고가의 영어 회화 카세트 전집은 부모님께는 엄두도 못 낼 물건이었다. 이모는 달랐다. 먹을 것은 물론 사고 싶던 학습자료까지 아낌

없이 챙겨 주었다. 이모 덕분에 부모님이 채워주지 못했던 물질적 풍요로움을 누릴 수 있었다.

부모님이 내 마음을 몰라준다고 느낄 때마다 서러움이 밀려왔다. 그때마다 씀씀이가 컸던 이모는 나의 마음을 채워줬다. 일주일에 한 번 우리 집에 와서 다음 날 아침 다시 출근했다. 일찍 일어나 화장하는 이모 옆에 앉아 이야기 나누는 시간이 나에게는 큰 즐거움이었다.

이모는 늘 내 말에 맞장구쳐 주고 격려해 주는 유일한 어른이었다. 이야기 끝에는 이모의 비밀스러운 용돈이 기다리고 있었다. 엄마는 누구에게도 돈 받는 것을 싫어하셔서, 늘 용돈을 몰래 챙겨 주셨다. 예상치 못한 큰돈을 받는 날처럼, 이모의 선물과 용돈은 나를 세상에서 가장 행복한 아이로 만들었다.

하지만 시간이 흘러 어른이 되고 나서야 알았다. 그 시절, 부모님은 그저 나의 성장을 묵묵히 기다리고 계셨다는 것을. 물질적인 풍요를 당장 제공하지는 못하셨지만, 자신의 속도대로 자라날 나를 믿으며 뒤에서 지켜보고 계셨다.

이모의 선물과 격려가 나에게 현재의 만족감을 주었다면, 부모님의 사랑은 부족함 속에서도 스스로 채워나갈 시간을 주는 깊은 기다림이었다. 부모의 진짜 사랑은 때로는 아무것도 해주지 않고 지켜보는 기다림 속에서 완성된다는 것을 이제야 알 것 같다.

쿵! 가슴이 철렁 내려앉았다. 혜승이가 초등 1학년 때 학습지 선생님에게 속마음을 털어놓았던 모양이다. '선생님 우리 엄마 아빠는 자주 싸워요. 난 그때 무서워요. 공부도 하기 싫고 학교도 가기 싫어요.' 혜승이는 다른 집 엄마 아빠도 싸우는지 궁금했다고 한다. 선생님은 학교에서도 친구들과 의견이 맞지 않아 말다툼이 생기는 일이 있으니 걱정하지 말라며 다독였다 한다.

그 말을 들은 나는 그제야 알았다. 아이에게 부모가 싸우는 모습은 그렇게나 무서운 일이었구나. 순간 억센 손바닥이 내 뺨을 후려친 듯한 충격이 밀려왔다. 이제껏 그 사실을 몰랐다는 것이 믿기지 않았다. 멍했던 정신이 돌아왔다. 이토록 중요한 사실을 놓치고 있었다니, 이제 와서야 알고 보니 가슴이 먹먹했다. 아이 마음을 제대로 헤아리지 못하고 있었다.

주워 담을 수 있는 물건이라면 담아보기라도 하겠지만, 지나간 상처는 그렇게 할 수 없었다. 용기 내어 혜승이에게 물었다. '엄마 아빠가 싸우는 이유가 뭐라고 생각해?' 혜승이는 별다른 대답 없이 '괜찮아. 그냥 좋아' 덤덤하게 말했다. 마음 한구석에 상처가 남아 있을지도 모른다는 생각은 미처 하지 못했다.

지친 육아로 내 마음을 돌볼 여유조차 없었다. 가족을 위한 배려가 부족했다는 걸 놓쳤다.

'정혜승이라고 하지 말고 그냥 혜승이라고 불러줘.' 예전에 아이가 했던 말이 떠올랐다. 말속에 아이의 불편함이 담겨 있었다. 그제야 내가 화가 났을 때 이름을 부르는 방식이 아이에게 큰 부담이었다는 걸 깨달았다. 불편한 감정이 내 의도와는 다르게 표현된 거였다. 감정을 숨기지 못하고 말로 풀어내던 순간들이 아이에게 영향을 미쳤다는 걸 생각하니 마음이 무거웠다. 아이 말을 들으며 속으로 괜한 변명을 하게 되었다. '내가 그렇게 말한 이유가 다 있었어'라고 변명했지만, 순간 감정을 잘 다스렸다면 어땠을까 하는 후회가 밀려왔다.

감정을 숨기지 못했던 나는 혜승이에게도 자신의 감정을 다 풀어낼 기회를 주지 않았을지 모른다. 그런데 혜승이는 할 말을 하고 솔직하게 마음을 표현하는 모습을 보였다. 놓쳤던 부분들을 아이와 마주하면서 성장하고 있음을 느낀다.

자전거를 처음 배울 때의 그 순간을 떠올렸다. 아이에게 자립할 수 있는 시간을 주고 기다려 주는 것이 얼마나 중요한지 다시금 느낀다. '꼭 잡아줘!' '넘어지면 무서우니깐 절대 손 놓으면 안 돼.'라고 외치던 작은 꼬마였던 아이가 성장하고 있었다.

처음 뒤집기를 하고 옹알이를 시작하고 서툰 걸음마를 뗄 때 조바심을 내지 않고 기다리듯이. 때로는 넘어지고 울음을 터트리기도 하지만 부모는 그저 옆에서 지켜보면 혼자 일어설 수 있는 힘을 믿고 기다려주어야 했다.

부모로서 아이에게 필요한 건 사랑과 관심, 신뢰와 응원의 마음임을 새삼 깨닫는다.

아이의 삶에서 중요한 것은 스스로 생각하고, 판단할 수 있게 지켜보는 것이 최선일 듯하다. 태양에 눈부시지 않도록 몸을 옮겨가며, 그늘이 되어 주고 싶다. 아이는 부모의 그림자를 밟고 자란다는 말을 떠올린다. 정성 어린 손길과 애정을 쏟으며, 아이가 자기 길을 찾아가고 성장을 도와주는 게 사랑 표현일 거다. 부모의 진정한 사랑이란, 다름 아닌 기다림이었다.

8

사소한 것에 느끼는 행복

『빅터 프랭클의 죽음의 수용소에서』에는 '사소한 것에 느끼는 상대적 행복'이라는 소제목이 등장한다. 인간이 경험할 수 있는 가장 극한 상황에서도 감사와 행복을 느낄 수 있다는 사실이다. 어떤 상황과 환경에서도 사람은 행복을 느끼고 감사할 수 있으며, 행복은 사소한 것에서 시작된다는 뜻인 듯하다.

과연 몇 명이나 행복하다고 자신할 수 있을까? 적은 수일지라도 분명 소수 사람은 공감하며 행복하다고 말할 것이다. 네잎클로버를 찾았을 때의 반가움, 행운을 확신하는 순간처럼 말이다. 미래의 행복이 아닌 현재의 소소한 행복부터 찾아가고 싶다.

대학만 졸업하면 대기업에 취직해 인정받고, 경제적 자유를 실현할 수 있을 거라 믿었다. 현실에 마주했을 때, 지방대를 졸업하고 대기업 문턱을 넘는 길은 생각보다 힘들었다. 욕심을 내어 도전할 때마다 좌절을 맛볼 수밖에 없었다.

생생히 기억하는 첫 취업 첫날, 설렜다. 대기업이 아니라 일반기관에 취직했다. 출·퇴근 시간이 일정했고, 결혼 후에도 경력단절의 위기를 겪지 않을 수 있다는 점이 크게 다가왔다.

남들이 선망하는 곳이었지만 직장생활은 녹록지 않았다. 25년 동안 어려움에 부딪힐 때마다 스스로 불행하다고 탓하기만 했다. 끊임없이 인정받고 싶은 욕심이 올라왔다. 성과를 내고 승진의 기회를 엿보았으나, 계속된 승진 실패는 능력에 대한 회의감으로 이어졌다. 누구보다 열심히 일했지만, 사람들에게는 오히려 융통성 없는 사람으로 오해만 받았다.

TV 보도처럼, 갑질과 직장 내 괴롭힘 문제로 퇴사하는 사람들이 늘고 있다. MZ 세대와 기성세대 간 인식 차이, 업무 문제 등 다양한 이유로 갈등이 생겨났다.

어느 직장이나 상황은 비슷할 것이다. 한쪽만 변화해서는 갈등이 해결될 수 없었다. 젊은 세대들의 을질로 고초를 겪기도 했다.

새로 온 상사에게 조언을 구했지만, 돌아온 대답은 퉁명스러웠다. '그냥 심리 상담받아. 상담지원비 예산에 있으니 확인해 봐.' 내 고민이 별거 아니라는 듯 돌아온 답변이었다. 덕분에 '상담'이라는 새로운 선택지를 떠올리게 되었다. 겉으로는 무뚝뚝해도 오히려 나를 돌볼 기회를 얻었다는 생각에 마음이 가벼웠다.

당장 결단을 내릴 수 없는 순간, 이 상황을 운명처럼 받아들이고 지속해서 다녀야만 했다. 현실을 외면하듯 눈을 돌리니, 사무실 책상 위에 페페로미아가 나를 반겼다. 직장인 책상에 두기 좋은 식물의 초록빛이 주는 행복을 잠시 누렸다. 늘 그 자리에 있었건만, 바쁘다는 핑계로 물을 주는 것조차 잊고 지냈던 화분은 새싹을 틔우고 있었다. 조용한 생명력을 보는 순간 나도 모르게 웃음이 지어졌다. 넋 놓고 바라볼 수 있는 대상이 있는 것만으로 위안 받았다. 남몰래 쌓여 있던 분한 마음이 내려갔다.

한참 사무실에서 바쁜 일 처리를 하고 있던 찰나에 혜승이에게 전화가 왔다. 평소 휴대폰을 가지고 다니면서 전화를 잘 하지 않는데 한참, 바쁘게 일하고 있던 나는 혹시 학교에 무슨 일이 생겼나 싶어 얼른 받았다. 묻기도 전에 아이의 목소리가 빠른 목소리로 쏟아낸다. '점심시간에 축구 시합을 했는데 넣기 어려운 골을 넣었다'며 흥분해서 이야기했다.

'그 이야기 하려고 전화했어? 저녁에 이야기해도 되는데. 엄마 지금 바빠.' 나는 짜증 섞인 목소리로 우리 저녁에 다시 이야기하기로 하고 뚝 전화를 끊었다. 다시 전화벨이 울렸다. 혜승이였다. 내가 말을 꺼내기도 전에 '오늘 학원 안 가고 친구들이랑 놀려고 해. 그래도 괜찮지?' 말하며 또다시 전화를 끊었다. 아까의 미안한 마음은 온데간데없이 사라졌다.

그날 저녁, 퇴근하고 집에 돌아와 혜승이와 마주 앉았다. 낮에 있었던 축구 시합 이야기를 다시 자세히 들려주었다. 어떻게 공을 몰고 갔는지, 수비수를 제치고 결정적인 슛을 했을 때의 기분은 어떤지, 친구들의 환호성이 얼마나 컸는지까지 생생하게 전했다.

진짜 기쁨은 따뜻한 차 한 잔, 좋아하는 음악을 들으며 걷는 길 위, 사랑하는 사람과의 소소한 대화, 어린아이처럼 신나서 이야기하는 축구 시합의 기억 같은 사소한 순간들 속에 있었다. 예상치 못하게 발견한 행복들을 마음속 깊이 담아두고 싶다.

일상에서 행복을 찾는 방법을 하나씩 배워 가고 있다.

가장 먼저 시도한 것은 마음에 여유를 찾는 것이었다. 점심시간 후, 회사 주변을 산책하며 몇 분 동안 깊게 숨을 들이쉬고 내쉬었다. 들이마시는 숨과 함께 신선한 공기가 폐 속 깊이 들어오는 것을 느끼고, 내쉬는 숨과 함께 스트레스와 긴장이 몸 밖으로 빠져나가는 것을 상상했다. 짧은 순간의 명상과 같은 산책은 닫혔던 마음을 되찾게 해주었다.

두 번째로 시도한 것은 일상에서 감사하는 마음을 가지는 것이었다. 많은 것을 당연하게 여기며 살았던 건 아닌지 되돌아보았다. 의식적으로 감사하는 마음을 가지려 노력했다.

퇴근 후 집에 돌아와 오늘 먹은 따뜻하고 맛있는 저녁 식사에 집중했다. 배고픔을 채워주는 것을 넘어 음식의 맛과 향을 음미했고, 가족과 함께한 저녁 식사 시간은 함께 이야기를 나누는 것만으로도 만족스러웠다.

마지막으로 목표를 세우고 성취하는 일에서 행복을 찾았다. 출근길에는 그날 처리해야 할 업무 목록을 정리하고, 퇴근 전 이를 모두 지우는 것을 목표로 삼았다.

바쁜 와중에도 짬을 내어 짧은 독서나 음악감상 시간을 가졌다. 목표들을 실천할 때 얻는 만족감은 하루를 활기차게 마무리하는 데 도움을 받았다. 3가지 방법을 꾸준히 실천했다. 그 과정을 통해 소중한 변화를 경험했다.

일상 속 사소한 행복을 찾는 일은 내 마음가짐에 달려 있다고 믿는다. 매일 반복되는 평범한 순간 속에서도 감사하며 여유를 잃지 않는 것. 바로 이 소소한 기쁨을 찾아가는 여정이야말로 내가 발견한 진짜 행복이다.

행복은 전염된다는 말처럼, 던말릭의 노래 〈감사합니다〉의 가사처럼, 고민하지 않아도 감사할 일들은 넘쳐난다. 때로는 고통스러운 순간도 있겠지만, 모든 어려움은 결국 다 지나가고 기쁜 날이 찾아올 것이다. 삶을 가득 채운 사소한 감사들이 행복으로 이끌어 줄 것이다.

> 감정 한 걸음 더

 처음 널 만났던 순간, 세상의 모든 소리가 사라졌다. 시끄러웠던 병원의 공기는 고요해졌고, 오직 너의 작은 울음소리만이 온 우주를 채웠다. 탯줄을 끊고 너를 내 품에 안았을 때, 나는 숨을 쉬는 법을 다시 배운 사람처럼 벅찬 감동을 느꼈다.

 투명한 아크릴 침대 위에 누워있는 너는 너무나 작고 연약했다. 손가락 하나하나, 발가락 하나하나가 경이로웠고 모든 것을 지켜주고 싶은 마음이 파도처럼 밀려왔다. 그 순간, 나는 깨달았다. 삶의 가장 큰 기쁨은 완벽한 계획 속에서 오는 것이 아니라, 예측 불가능한 사랑의 기적 속에서 온다는 것을. 너는 내게 그런 존재였다.

 너의 존재만으로 내 삶은 완전히 달라졌다. 잠 못 이루는 밤이 잦아졌지만, 너의 작은 손을 잡고 있으면 어떤 피로도 녹아내렸다. 세상의 모든 아름다움은 너의 웃음소리 하나에 담겨 있었고, 나는 너의 눈을 통해 이 세상을 다시 배우고 있었다.

너와의 만남은 단순한 탄생이 아니었다. 그것은 나의 새로운 탄생이기도 했다. 너를 통해 나는 비로소 부모라는 이름으로 다시 태어났고, 이제껏 알지 못했던 사랑을 경험하게 되었다. 너와의 첫 만남은 평생 잊지 못할, 내 삶의 가장 찬란한 시작이었다.

제3장

아이를 만나고 찾아온 변화

어머니는 자신의 힘만으로 상대하기 버거운 문제와 직면하면 마지막 수단으로 동네서점에 달려가 해결법이 들어있을 것 같은 책을 고르곤 했다. 마치 어려운 수학 문제와 한참 씨름하다 문득 뒤 페이지의 해답 편을 반짝 떠올리는 수험생처럼.

『모순』, 양귀자

1

부모의 감정싸움

　우리나라 성인을 기준으로 하면 만 18세 또는 20세 이상이 되면 음주, 흡연, 결혼 등을 할 수 있는 나이가 되어 보통 어른이라 불린다. 경제적 독립할 수 있는 여건이 주어지면 사회적으로도 어른 대접을 받을 기회가 생기는 것 같다. 최근 어른을 대상으로 하는 강연 프로그램 〈어쩌다 어른〉을 시청했다. 단순히 나이만 먹은 어른이 아니라, 끊임없는 내면 성찰과 자각을 통해 성장하는 어른이 되어야 한다는 메시지가 마음에 와닿았다.

　강연을 들으며 다양한 지식을 접했다. 배운 내용을 어떻게 삶에 적용해야 할지 난감했다. 지나영 교수의 『본질 육아』 시리즈에 나오는 "필요한 자격증에 도전할 때 평가점수에 따라 합격·불합격이 판가름이 나지만, 좋은 부모가 되기 위한 길은 멀다." 구절에 공감했다. 부모로서 여정은 단순히 기준을 넘는 문제나 점수로 측정할 수 있는 문제가 아니었다. 또한, 나는 어떤 부모가 되어 아이를 키울 것인가? 라는 질문의 시작점은 우리 아이가 아닌 나 자신에게 있어야 했다. 가장 먼저 할 일은 부모 자신을 돌아보는 일이다. 부모가 되기 전에는 부모 역할에 대해 깊이 고민해 본 적 없었다. 그저 아이만 낳으면 자연스럽게 자라고 저절로 채워질 거라 여겼다. 엄청난 착각이었다.

어쩌다 보니 부모가 되었고, 정신없이 아이를 키우는 동안 정작 '나'를 돌봐야 할 이유조차 잊고 살아왔다. 이제 다시 원점으로 돌아가 현재 나에게 초점을 맞춰야 했다. 어디서부터 시작해야 할지 몰라 방향을 읽고 헤매는 중이었다.

결혼 준비부터 삐걱거렸다. 예물 예단은 검소하게 진행하기로 정했다. 현금이 오고 가는 예단비 문제에서 합의점을 찾지 못해 오해가 생겼다. 이 일로 양가 집안 시작부터 마음이 불편했다.

시댁은 무조건 아껴야 산다는 절약 정신을 가졌다면, 친정은 쓸 때는 써야 한다는 자유로운 씀씀이를 추구하는 점에서 경제적 가치관이 달랐기 때문이다. 사람마다 생김새가 다르

듯 생각도 다르다 여겼다.

남편과 감정싸움의 시초는 신혼여행 때였다. 일정에 잡힌 라텍스 판매장에 갔다. 침대 생활에 적응하지 못하고 있던 나로서는 금액이 비쌌지만, 가정에 필요한 제품을 살 수 있는 좋은 기회였다.

바로 카드로 결제했다. 그 사이 남편은 다른 전시 물품을 구경하느라 매트를 산 줄 모르고 있었다. 결제했다는 말도 끝나기도 전에, 남편은 온 매장이 떠나갈 듯 분노를 터뜨렸다. 의논 없이 돈을 쓴 것에 대한 분노였지만, 매장 직원들 앞에서 모욕당하는 기분에 얼굴을 들 수 없었다.

3개월이라는 짧은 만남으로 남편의 깊은 내면을 파악하는 데 역부족이었던 걸까? 나 역시 마음속에 담아 두었던 말들을 얼결에 다 쏟아내고 말았다. 고가의 보석이나 옷도 아닌, 단지 침대 생활이 어려운 나에게 필요한 필수품이라는 생각으로 결정을 내렸다. 중요한 건 금액적인 문제가 아니었다.

물론 상의 없이 구매를 진행한 내 잘못도 있었다. 그렇게까지 크게 화를 낼 일이었는지는 도무지 이해할 수 없었다. 평생 한 번뿐인 신혼여행지에서 얼굴을 붉힐 만큼 심각한 잘못이었는지. 처지를 바꾸어 이해해 보려고 했다. 이해할 만한 이유를 찾을 수 없었다.

혜승이가 태어난 후에도 남편과의 의견 차이는 좀처럼 좁혀지지 않았다. 상황은 갈수록 태산이었고, 갈등은 산 넘은 산이었다. 음식을 좋아하지 않는데 계속 먹으라고 권하는 일에 불만이 쌓였고, 백화점 쇼핑에서도 사사건건 투덜거렸다. 돼지고기 대신 소고기만 구매하거나, 이미 와이셔츠가 많은데 쓸데없는 돈 낭비 한다고 고집부리는 상황이 되풀이되었다.

살림하는 주부의 입장을 헤아리지 않았다. 참는 데도 한계에 도달했다. 늦은 출산으로 체력은 자주 바닥났다. 온통 난장판이 된 방에서 신음을 내며 엎어져 있기 일쑤였다. 말 그대로 기절할 만큼 피곤했다. 밤잠을 설치느라 삼시세끼를 제대로 챙겨 먹지 못했다. 끼니는커녕 빵으로 대충 때웠다. 이유식과 간식을 챙기며 아이 따라다니다 보면 물 한 모금 마실 여유조차 없었다. 극도의 피로와 남편과의 갈등들이 겹쳤다. 친정엄마에게 전화를 걸어도 '네가 잘못했으니 참아. 혜승이를 보아서 참아.'라는 일관되고 냉정한 조언뿐이었다. 풀리지 않는 마음에 시어머니께 전화를 걸었다. 그러나 돌아오는 답은 참아라. 다 싸우면서 산다며 남편의 편을 들었다.

단, 한 사람도 위로의 말을 건네지 않았다. 더 이상 버틸 힘이 없어, 그 자리에서 아이처럼 무너져 울었다. 이제는 그만 참고 싶다.

남편만 보면 뜨거운 열기가 치밀었다. 그럴 때마다 언짢고 분한 마음이 북받쳐 오른다. 감정을 멈추고 싶지 않았다. 오로지 아이와 남편에게만 매여 살아야 한다는 현실이 버거웠다. 퇴근한 남편과 일주일 뒤에 있을 가족 행사 이야기를 나누다 큰소리가 오갔다. 아이가 상황을 살피는 것이 느껴졌지만, 아이를 돌아볼 겨를 없이 감정싸움에 몰두했다.

바로 다음 날, 남편은 '1년 육아휴직 냈어.' 내뱉더니 내 말을 듣지 않고 나가 버렸다. 그 한마디에 가슴이 쿵 내려앉았다. '지금 무슨 휴직이 필요하냐고? 정신 있는 사람이냐. 그냥 놀고 싶다고 솔직히 말해.' 참지 못하고 소리 질렀다. 내가 2년을 휴직한 이유는 법륜스님의 『엄마 수업』에서 '엄마는 최소한 3년은 아이를 직접 키워야 한다.' 말을 실천하고 싶었을 뿐이었다. 그 마음이 이 사람에게는 착각으로 보였나 보다. 해결의 실마리를 찾지 못하고 갈등이 이어질 때마다 이혼을 꿈꿨다.

제3장 아이를 만나고 찾아온 변화

그래도 남편이 육아휴직을 하면 집안일을 도와줄 것이라 믿었다. 큰 착각이었다. 설마 휴직인데 설거지, 빨래, 청소 정도는 하겠지 싶었다. 그렇게 일주일을 참고 또 한 달을 참았다.

남편은 헬스장에서 PT를 받고, 해외여행 다녀오고, 심리상담까지 받으며 오롯이 자신을 돌보는 데만 집중했다. 내가 육아휴직 중에는 꿈도 못 꿨던 일들인데, 남편은 다양한 체험과 재충전 시간을 즐겼다. 마치 감미로운 꿈을 꾸며 단잠에 빠진 사람처럼. 혼자만의 여유와 자유를 마음껏 누렸다. 그에게 육아휴직은 쉼이었고 나에게는 무거운 일상이었다.

우리는 서로의 상처를 들여다보지 못한 채 각자의 서운함에만 빠져 있었다. 내 마음이 힘겨웠던 것처럼, 남편 역시 말못 할 무게를 짊어지고 있었음을 이해하려 노력했다. 우리의 감정싸움은 상대의 잘못을 묻는 싸움이 아니라, 오히려 서로의 상처를 더욱 깊게 만드는 악순환이었다는 것을.

이제는 서로에게 상처를 주는 싸움 대신, 따뜻한 지지와 이해를 바탕으로 대화하며 관계를 지켜나가는 것이 절실하다. 우리는 부모로서 함께 가야 할 사람들이기 때문이다.

2

마음 돌봄에도
연습이 필요해

 가슴이 뛰고 분노가 주체 되지 않았다. 육아휴직 중인 남편을 헤아리려 애를 써도 쉽지 않았다. 쌀을 씻다가도, 설거지할 때도 '내가 이 남자를 위해 밥상을 차리고 있다니.' 하는 생각에 나 자신이 한없이 한심하게 느껴졌다. 종일 일하고 돌아와 저녁 식사를 준비하고, 아이까지 씻기는 동안에도 소파에 앉아 뉴스만 보는 남편에게 헌신했다.

 헤어지는 것 외에는 다른 선택지가 없었다. 좋은 세상 상처 주지도 받지도 말자는 생각으로 각자도생하고 싶었다. 부부가 헤어지는 일은 단순히 두 사람 문제로 남는 게 아니었다. 오랜 인연을 끊어내는 고통과 주변 관계의 변화가 따르는 일이라, 쉽사리 결정을 내릴 수 없었다.

 누적된 피로는 나를 갉아 먹었다. 혼자 마음을 추스를 여력조차 없었다. 건강해야 다른 사람을 챙길 수 있을 텐데, 내 한 몸 건사할 힘조차 없을 만큼 에너지가 바닥났다. 아이의 마음을 헤아릴 여력조차 없었다. 혜승이 마음이 이미 상처로 구멍 났다는 사실을 뒤늦게 알았다. 해진 옷은 바늘로 꿰맬 수 있지만, 상처받은 마음의 깊이는 부모가 찾아야 했다.

일곱 살 무렵부터 혜승이는 힘든 마음을 내비쳤다. 마음 둘 곳을 찾지 못했는지 유튜브와 게임에 빠져 주변의 어떤 말에도 귀를 기울이지 않았다. 정해진 시간까지만 하기로 한 약속까지 쉽게 잊었다.

아이는 먹고 자는 시간 외에는 종일 미디어를 놓지 않았다. 나의 충고는 잔소리로만 여겼다. 윽박지르다가 달래보기도 했지만 목소리만 커질 뿐이었다. 몰입된 미디어의 바다에서 억지로 끄집어내려 했으나 제자리걸음만 반복되었다. 조리 있게 설득할 재간이 없었다. 걸핏하면 우격다짐만 했을 뿐이다. 대화를 통한 문제 해결은 기대하기 어려웠다. 할 일이 한두 가지 아닌데. 이따위를 가지고 시간을 허비할 때냐는 식으로 몰아붙였다. 강제로 휴대폰을 못 보게 하고, 무조건 강요만 했더니 닭똥 같은 눈물만 툭툭 떨어졌다. 아이에게 '왜 우냐고, 엄마가 힘든 건 안 보이냐고.' 소리쳤으니, 눈높이에 맞춘 대화는 없었다.

아무것도 모르는 어린아이에게 나의 힘든 마음을 그대로 쏟아낸 거다.

아이에게 화를 낸 후에도 욱하는 노여움을 삭이느라 씨름해야 했다. 노여움이 극에 달할 때마다, 잠시라도 바람을 쐬면서 감정을 가라앉혔다. 마음을 돌보는 일에도 연습이 필요했다.

퇴근 후, 나를 맞이한 것은 '뿌슝빠슝' 하는 소리. 초등학교 2학년 혜승이의 휴대폰에서 흘러나오는 게임 소리였다. 학교에 다녀오면 게임만 하는 아이 모습에 답답했다.

처음에는 하루에 몇 시간 게임이나 유튜브를 본다고 해서 손해 볼 일은 없을 거야. 아이도 재미를 알아야 세상 사는 재미도 있을 테니, 마음껏 디지털 세상 구경해 보라고 방관했던 걸까? 집에서는 이런 대화가 일상이 되었다. 나는 '몇 시까지 볼 거니. 인제 그만 휴대폰 꺼.' '엄마 숙제 끝나고 나면 30분 더 볼 수 있을까요?' 아이에게 괜스레 짜증 부리는 횟수도 늘었다. 매체를 통해 유튜브와 게임으로 인한 청소년들의 극단적인 사례를 접했다. 그럴 때마다 우리 아이는 그럴 리 없겠지. 애써 외면했다.

 눈만 뜨면, 휴대폰 보는 아이만 걱정하며 애만 태웠다. 현실적인 생각도 커졌던 즈음이다. 스마트 미디어와 관련된 학부모 교육 특별과정을 신청했다. 편안한 소통 방법을 찾고 싶었다. 여태껏 미디어 중독, 게임 중독과 같은 첨예한 개념들에 대해 맹목적이었다. 일전에 동료 직원이 보여준 '게이머 자녀 확인법' 짧은 만화가 떠올랐다. 게임 중독을 우려한 엄마가 상담하러 온 상황 이야기다. 그 핵심은 아이가 무슨 게임을 하는지 모른다는 거다. 당시에는 웃으며 넘겼지만, 만화 주인공이 내 모습과 겹쳐 보였다. 마지막 교육 내용은 영화 대사를 인용했다. '가족의 이름을 부를 수 있는 매 순간이 기적입니다.'라는 장면이다. 그동안 아이 마음을 못 챙겼다. 방법을 몰랐다.
 아이 마음을 들여다볼 수 있는 실전 연습과 같은 수업이었다. 수업으로 생각지도 못한 아이 마음까지 챙겼다. 부모의 감정싸움으로 혼자 무서웠을 것이다. 무서움을 잠재우기 위해 휴대폰에 의존하지 않았을까? 휴대폰이 유일한 친구였을 터다. 새로운 친구 만들어 주는 일도 중요했지만, 그보다 당장 아이의 시야에서 휴대전화를 치우는 것이 가장 시급한 문제였다.

집에서 TV를 꺼야 한다는 강사의 말은 아이들이 책을 많이 읽지 않는 이유를 설명했다. 원인이 휴대전화 사용에 있다는 내용을 담고 있었다. 실제로 적용할 만한 사항들도 많이 얻었다.

단지 한 번의 강의였지만, 육아의 방향을 바꿀 만큼의 변화를 경험했다. 삶의 중요한 전환기가 되었다고 해도 과언이 아닐 정도다. 혹시 짧은 강의로 얼마나 대단한 변화를 얻었느냐고 묻는 사람이 있다면, 망설임 없이 이렇게 말할 수 있다.

'단 한 번의 강의로 돈으로 살 수 없는, 아이의 독서 습관을 되찾아 주었다고 말이다.'

강의를 듣고 딱 1가지만 실천하기로 마음먹고 TV 전원을 껐다. 그러자 아이의 반응은 세상을 다 잃은 듯했다. 당장 켜 달라는 아이의 요청을 감당해야 했다.

새로운 습관을 들이기 위해 꼬박 3주를 씨름했다. 어떤 날은 1시간 내내 울었고, 다음 날은 손에 잡히는 대로 물건을 던졌다. 심지어 거친 욕도 내뱉었다. 때로는 똥 마려운 강아지처럼 온 집안을 헤집고 다녔다.

포기하지 않고 버틴 결과 아이는 차츰 적응되었다. 눈에 띄게 휴대폰 보는 시간이 줄었고, 공격적인 행동이나 욕설도 줄었다. 조금씩 휴대폰 사용 시간을 하루 1시간으로 줄여 나갔다. 무턱대고 더 해달라고 떼쓰지는 않았다. 이제는 스스로 사용 시간을 확인하고, 오늘 할 일을 먼저 챙기는 기특한 모습을 보였다. 높은 산을 넘고 나니 평탄한 평지를 만난 듯하다.

학부모 교육은 내게 가장 먼저 '생각을 바꿀 용기'를 주었다. 교육에서 강조했듯이, 부모가 해야 할 노력은 바로 아이의 세계로 들어가는 길을 찾는 것이었다.

아이의 세계를 이해하려 노력하자 비로소 그 눈높이에 맞춰 소통하는 법을 배울 수 있었다. 이처럼 마음 돌봄에도 꾸준한 연습이 필요하다는 것을 깨달은 덕분에 내 마음에도 여유가 생기기 시작했다. 이전에는 조급한 마음에 아이의 행동 하나하나에 예민하게 반응했지만, 이제는 사소한 짜증이나 고집도 '왜 그럴까?' 하고 한 번 더 생각해 보게 되었다.

사랑과 신뢰, 존중과 배려를 토대로 아이와 좋은 관계를 유지하는 것. 더 나아가 공감대를 형성하며 행복한 시간을 지속하는 것이야말로, 가장 절실한 마음 돌봄의 연습일 것이다.

3

사춘기를 지나는 아이

 드디어 올 것이 왔구나! 초등학교 고학년이 된 아들을 보며 새로운 고민에 빠졌다. 성장하는 아이를 위해 부모로서 노력해야 할 일은 무엇일까?

 여태까지는 아들이 군말 없이 잘 따라주어서 갑작스러운 변화에 놀랄 수밖에 없었다. 아이가 안 하던 행동을 시작한 거다. 말끝마다 '왜?'라고 외치는 모습에 머리가 지끈거렸다. 아이의 모든 질문과 행동에 이유를 설명해야 하는 상황이다.

 몸과 마음이 부쩍 자라버린 아들의 모습이 낯설고 혼란스럽기만 하다. 사춘기가 시작된 거다. 지금은 인생의 힘든 한 고개가 속히 넘어가는 날만 묵묵히 기다릴 뿐이다.

 "잠깐 한눈판 사이에 집안을 엉망으로 만들고, 아무 때고 몸을 날려서 팔다리를 부러뜨리고, 심부름시키면 엉뚱한 곳에 정신이 팔려 까맣게 잊어버리고, 게임에 빠져 해야 할 일을 하지 않는 등 아들들이 사고 친 이야기는 무궁무진하다. 그럴 때마다 아들 키우는 엄마들은 이렇게 말한다. '도대체 왜 저러는지 이해할 수가 없어!' 엄마들은 이런 아들을 야단치고 달래고 속을 태우다가 급기야는 내가 뭘 잘못했나? 내가 아들을 잘못 키웠나? 라는 자책까지 하게 된다." (참고: 『아들의 뇌』, 곽윤정)

가슴이 쿵 하는 문구였다. 이 글을 읽는 순간, 마치 내 속마음을 그대로 옮겨 놓은 듯하여 깊은 공감을 했다. 아이를 이해하지 못하는 답답함과 자신을 탓하게 되는 엄마들의 복잡한 심경이 고스란히 담겨 있었다. 가슴을 치는 듯한 울림을 주었다.

책을 읽기 전까지는 머릿속이 뒤죽박죽이었다. 혼란스럽고 도무지 이해할 수 없는 행동을 하는 아들을 대체 어떻게 키워야 할지 깊은 고민에 빠졌다. 고민만으로는 해결책을 찾지 못했다. 자책하는 시간만 늘었다.

'아들을 잘 키우는 비법'이 나만 모르는 비법처럼 숨겨져 있는 건 아닌지 생각했다. 시간이 흘러도 여전히 갈피를 잡을 수 없었다. 아들의 뇌가 다르다는 사실을 머리로는 인정해도, 실제로 무엇을 해야 할지 막막했다. 이제는 작가가 제시한 내용을 바탕으로 실질적인 변화를 시도하려 했다.

배운 내용을 혜승이에게 적용하려 했을 때는 예상치 못한 변수가 생겼다. 그래서 해답을 찾기 위해 책을 다시 읽고 필요한 내용을 노트에 옮겨 적으며 암기까지 하는 노력을 기울였다. 아들이 거슬리는 행동을 할 때마다 알려준 내용을 실천하고 싶어서다.

실제 상황에서는 배운 내용을 써보지도 못하고 깊은 한숨과 함께 무너져 내렸다. 작심삼일로 끝났지만, 길게 간 것이라며 스스로 달랬다.

반성하는 의미로 자녀 교육 서적을 계속 읽었다. 책을 덮기도 전에 아이를 꾸짖고 있는 내 모습을 발견했다. 실천 없는 독서는 아무 의미가 없었다. 아들의 행동과 생각이 마음에 들지 않더라도 쉽게 흔들리지 않는 단단한 마음을 갖고 싶었다.

아이를 먼저 키운 막냇동생에게 조언을 구했다. 딸을 키웠던 동생은 성격이 담대해서 웬만한 위험도 두려워하지 않는 성향이다. 그만한 베짱이라면, 조카가 저지른 작은 실수쯤은 능숙하게 넘겼으리라. 조카의 사춘기가 궁금해서 '공부하기 싫다.' 말을 자주 했는지 물었더니, 당연하다는 듯 고개를 끄덕였다. 학원 가기 싫어 땅바닥에 드러누워 떼를 쓰냐고 물으니 그 정도는 아니고 가끔 한두 번 정도라고 했다. 매일 그렇게 하면 어떻게 사냐며 웃었다.

사실 혜승처럼 행동하는 아이가 또 있을까 싶어 걱정하고 있었다. 동생 역시 조카 때문에 속상했던 일들을 털어놓으며, 힘들었던 이야기 해주었다. 나만 겪는 일은 아니었다.

결국 딸과 아들 모두 사춘기에는 부모의 마음을 똑같이 흔들어 놓는다는 결론에 이르렀다. 예전에 들었던 '아들은 네 입맛대로 크지 않아'라는 옆집 아주머니 말이 새삼스레 떠올랐다.

부모 말을 잘 따르는 딸을 키운 여동생이 나와는 다른, 평탄한 세상을 살고 있다고 막연히 생각했다. 하지만, 동생에게도 보이지 않는 고초가 숨어 있었다.

조카는 사춘기에 접어들 무렵, 매일 짜증 냈다고 한다. 평소 말 잘 듣고 착했던 아이가 무턱대고 신경질을 부리니, 동생은 당해낼 재간이 없었다고 토로했다. 속이 상해 손을 올렸다 내렸다 수십 번.

등굣길에 묶은 머리가 마음에 안 든다고 다시 묶어 달라고 큰소리, 신고 나갈 양말 코 앞에 가져다 놓지 않았다고 짜증, 좋아하는 소시지 반찬 없다고 숟가락 던지기. 애써 차려놓은 밥상은 쳐다보지도 않고 나갈 때는 정말 미치겠다는 말이 절로 나왔다고 한다.

혜승이가 원인 모를 화를 낼 때마다, 나와 큰소리로 맞서는 상황이 반복되었다. 때로는 지켜보다 못해 걸핏하면 힘으로 밀어붙이는 일이 벌어지기도 했다. 입 밖으로 나오려던 욕설을 간신히 삼킬 때마다 뒷목이 당길 정도였다. 달래보려고 해도 소용이 없었다. 아이 스스로 화가 멈출 때까지 말없이 기다려야 했다.

여동생은 그때가 조카도 혜승이랑 비슷한 나이였던 것 같다고 말했다. 지나고 보니 그것이 바로 사춘기였다는 걸 알게 되었다면서, '지금부터 시작이니 마음의 준비를 단단히 하라' 조언했다.

여동생은 조카가 중학교에 들어가면, 사춘기를 지날 때 모습과는 달라질 것이라며, 나무라지 말라고 알려준다.

이 말은 곧 혜승이가 지금까지 보여준 모습은 아무것도 아니며, 또 다른 무언가가 있다는 뜻이었다. 그 말을 듣는 순간 숨이 막혔고 가슴이 옥죄어 오는 듯했다.

아이가 화가 나서 가방을 던질 때도 의미하는 바를 몰랐다. 혜승이가 생각하고 행동하는 의미를 이해할 수 있어야 했다. 다급한 마음으로는 사춘기를 맞이할 수 없었다.
내 마음을 안정시키는 방법을 찾아 나섰다.
우선 아침마다 명상하며 집중하는 시간을 가졌다. 혜승이에게만 몰두하는 대신 주변 사물과 환경에 관심을 쏟기 시작했다. 덕분에 대상을 바라보는 시각이 달라졌다. 둘째, 야구에 관심 많고, 피아노 배우는 건 싫어한다는 사실에 주목했다. 아이가 하고 싶은 것을 배우게 하자는 쪽으로 생각을 바꾸었다. 셋째, 늘 가족을 위하는 데 썼던 시간을 조금 아껴 나 자신에게도 쏟았다. 적어도 한 달에 한 번은 혼자서 카페에 가거나, 영화를 보며 오롯이 혼자만의 시간을 가져야 했다.

책을 읽으라고 강요하기보다는 먼저 독서하는 모습을 보여주는 것으로 아이와의 새로운 소통을 시작하려 한다. 혜승이가 관심 있고 잘하는 것을 찾고 스스로 몰입할 수 있도록 곁에서 지원하고 격려하며 지켜보려 한다.

사춘기 아들의 무모한 행동이 주변 사람을 당황하게 하고 부모를 화나게 만들 수 있다는 사실을 인정해야 했다. 이러한 행동들이 전전두엽의 미성숙에서 비롯된 것임을 이해하려 한다. 아이의 성장을 현명하게 받아들이고 상처를 남기지 않기 위해 지혜롭게 대처하는 방법을 연구하고 실천해야 할 필요성을 느낀다. 사춘기에 접어든 아이와 마주하는 시간 속에서 남는 것은 상처뿐일 수 있다는 현실을 받아들이는 대신, 다른 방식을 택하기로 했다. 아이의 가방에 빠진 준비물을 살피는 대신, 예쁜 편지지에 정성껏 쓴 손 편지를 필통 속에 넣어두었다.

아이의 기다림 속에 나의 성숙도 함께 깊어지리라 믿는다. 아이가 이 시기를 건강하게 지나갈 수 있도록 부모로서의 기다림과 신뢰를 보여주는 것이 중요한 양육 태도라는 걸 마음 깊이 새긴다.

4

아이 감정을
헤아리는 시간

 아이가 이상하다. 멍하니 있을 때가 많다. 혼잣말로 중얼거린다. 육아하느라 힘들다고 아이 표정까지 챙기지 못했나 보다. 바쁜 업무에 쫓기느라 아이의 눈빛조차 제대로 마주하지 못했던 걸까? 한동안 혜승이를 찬찬히 보살피지 못했다.

 엄마 무서워! 라는 아이의 말을 자주 들었지만 가볍게 흘렸다. 착하고 순한 아들이라 눈치가 조금 부족하다고만 여겼다. 속마음을 파악하는 것이 쉽지 않다는 것을 느끼고 있던 참이었다. 말을 조리 있게 잘하지 못해서인지 친구들과의 소통에도 어려움을 겪는 듯했다. 그로 인해 생기는 문제를 혼자서 해결하려 했던 모양이다. 부모밖에 기댈 사람이 없었을 텐데, 나는 돕지 않고 아이가 혼자 힘든 길을 가도록 내버려두었다. 엄마가 맞나 싶었다.

 잠에서 깬 혜승이는 한 곳만 멍하니 바라보았다. 잠에서 덜 깬 것 같았다. 소파에 우두커니 앉아 있던 혜승이가 말했다. '엄마 이상한 생각이 자꾸 들어.' 무슨 생각인데 그제야 아이가 말을 꺼냈다. 친구가 수업 도중에 자신의 소중한 부위를 툭툭 친다는 거다. 수업 시간뿐만 아니라, 급식실에서도 줄을 서 있을 때도 뒤로 돌아 툭 치고는 재빨리 돌아선다는 거다. '그 J가 3학년 때도 너를 괴롭힌 아이 맞지?' 아이는 그제야 참았던 감정을 쏟아냈다.

'아무리 하지 말라고 해도 계속 그러는 거야.' 장난이겠지. 아니야 장난이라고 보기에는 자주 그런다는 거다.

혜승이는 생각을 똑 부러지게 말하지 못했다. 그래서인지 친구들이 혜승이를 편하게 대하는 것 같았다. '친구들에게 네 의견을 제대로 말한 거 맞지?' 혜승이는 '말했는데도 계속 그러는 걸 어떡해.' 서럽게 울음을 터뜨렸다. 다독여 주기보다는 오히려 나무랐다. 참고 있어서 그런 거야. 담임 선생님한테는 말해봤어? 자신이 없어 못 하겠어. 용기 내서 말해야지. 그건 고자질이잖아. 고자질이 아니라 담임 선생님께 의논해야 하는 상황인 거야. 엄마가 대신 말해 줄까? 그렇게 물어보면서도 망설였다. 내가 나서기보다는 스스로 해결할 수 있도록 지켜보고 싶었다.

  오늘도 J가 똑같은 행동을 했니? 아니 오늘은 안 했어. 그럼 좀 더 기다려 보자. 친구 중에는 장난기가 많은 아이도 있으니, 좀 더 지켜보라고만 했다. 혜승이는 혼잣말처럼 들릴 듯 말 듯 중얼거렸다. 왜 그러니? 아니야 그냥. 혼자 이상한 소리 내지 마. 다른 사람이 보면 이상한 사람으로 보겠다. 도리어 꾸짖었다. 잠시 그 일을 잊어버리고 있었다. 저녁 준비를 하고 있는데 혜승이가 다가와 말했다. '이상한 생각이 또 나.' 구체적으로 말해봐. 수업 중에도 이런 생각이 드는 거야. 응. 엄마가 선생님에게 메시지 보내 놓을게. 네가 직접 얘기해야 해. 알겠어.

  사실 나도 사실 용기가 나지 않았다. 우리 아이가 잘못한 것도 아닌데, 내가 나서면 괜히 별난 엄마로 찍히지 않을까? 그냥 가만히 있는 게 낫지 않을까. 스스로 마음을 눌렀다. 학교에서 벌어진 일들을 일일이 선생님에게 전하는 것도, 괜한 부담과 걱정을 안겨드리는 것 같아 망설여졌다.

  담임 선생님께 장문의 메시지를 보낸 직후에 전화가 걸려왔다. 메시지를 보고 자세한 대화가 필요하다고 판단했다는 거다. 아이에게 들은 이야기로 풀어나가야 했다.

내가 보낸 메시지 내용을 오해하고 계신 듯했다. 처음부터 전화를 드릴 걸. 좀 더 일찍 꺼내지 못한 것이 아쉬웠다. 선생님은 망설임 없이 반응해 주셨고, 진심 어린 마음에 나는 목까지 차오르는 눈물을 삼키느라 애썼다.

선생님은 문자만으로는 그 중요 부위가 성기라는 사실을 파악하지 못했다고 하셨다. '어머니 이 사안은 학교폭력에 해당합니다.' 내일 당장 관련 아이들을 불러 자세한 상황을 확인하겠다는 말을 남겼다.

마음이 놓였다. 집에 돌아와서 혜승이에게 말했다. 선생님께 다 말씀드렸어. 내일 선생님이 부르실 거야. 그때 상세하게 이야기하면 돼. 엄마! 선생님에게 전화했어?

이건 네가 혼자 해결할 일이 아닌 것 같아. 내일 선생님께는 뭐라고 말하지. 아이는 어찌할 바를 몰라 했다. 괜찮아. 겁내지 말고 힘든 마음을 이야기하면 돼. '선생님 앞에서 말하기가 좀 그래.' 용기 내서 의견을 정확히 말씀드려.

선생님은 아이들 상담을 마친 후 연락이 왔다. '상황이 이렇게 심각한 줄은 미처 몰랐습니다.' 학교폭력으로 처리되어야 한다고 말했다. J의 어머니와 함께 학교로 와서 이야기 나누고 정리하는 게 좋겠다는 의견이었다. '지금 학교로 올 수 있냐?'는 말에 질문이 끝나기도 전에 '가겠습니다!'라고 전화를 끊고 주차장으로 정신없이 뛰어갔다.

J가 괘씸하다고 생각하니 울화가 치밀고 몸까지 바들바들 떨렸다. 학교에 도착했을 때, 먼저 와 있던 J와 그의 엄마가 두 아이가 놀고 있는 모습을 지켜보고 있었다.

담임은 혜승이를 따로 불러 상담하기 전에는 이런 일이 있으리라고는 꿈에도 생각지 못했다며 사과하셨다. 혜승이가 내뱉은 '다 포기하고 싶다.'는 충격적인 고백을 듣고서야 사태의 심각성을 인지하게 되었다고 했다.

선생님은 이 사안을 학교폭력으로 처리해야 한다고 단호하게 말했다. 하지만 나는 아이들 성장하는 과정에 있는 해프닝으로 여기고, 공식적인 절차 없이 넘어가고 싶었다. '학교폭력' 꼬리표가 주는 무거운 현실감 때문이었다. J 엄마는 사과하며 용서를 구했다. 억장이 무너졌지만, 철없는 아이들 실수로 마무리되길 원했다. 훈육하는 선에서 끝내고 싶었다. 하지만 귀가한 남편의 입장은 달랐다.

제3장 아이를 만나고 찾아온 변화

J 엄마에게서 진심 어린 사과를 받고 싶어 다시 만남의 자리를 요청했다. 남편에게 지금 와서 무슨 소용이냐고 말했지만 뜻을 굽히지 않았다. 남편은 J의 눈빛이 정중하지 않았다며. 진정으로 미안해하는 모습이 아니었다고 흥분했다. 나는 '엎드려 절이라도 받겠다는 뜻이야.' 남편은 '기본적인 예의는 지켜야지.'라며 뒤늦게 격분했다. 결국 나는 만남을 재요청했고. 이번 한 번만은 넘어가겠다는 조건을 걸었다. 앞으로 절대 같은 문제가 반복되지 않도록 확실한 약속을 받았다.

자녀를 키우며 마주하는 예상 밖의 상황들 앞에서 현명하게 대처하기란 어려운 일이다. 과거 남편이 J 엄마에게 사과를 요구했을 때, 나는 상황을 섣불리 판단하여 상대에게 미안한 마음부터 앞섰다. 돌이켜보면, 남편의 행동은 이후에 더 커질 수 있는 문제를 미리 방지하려는 마음이었을 것이다. 어떤 일이든 사소하게 여기지 않고, 미리 상의하며 함께 대처하는 것이 옳았다.

하지만 무엇보다 나를 가장 아프게 한 것은, 아이가 느꼈던 낯선 감정인 '무서움'을 온전히 공감해 주지 못했다는 사실이다. 이 일을 계기로, 나는 혜승이에게 벌어지는 일은 무엇이든 절대 흘려듣지 않기로 다짐했다. 오직 아이의 마음을 살피는 데 집중하고 있다.

아이의 감정을 깊이 들여다보는 노력은 큰 성과로 돌아왔다. 예전에는 짜증이나 울음으로만 터져 나오던 혜승이의 감정이 이제는 "엄마, 속상해"라는 말 한마디로 쉽게 전달된다. 아이의 감정을 미리 알아채고, 있는 그대로 인정해 주며 함께 나눈 소중한 시간들이 빚어낸 결과다. 아이의 마음을 헤아리는 이 시간이 우리 가족에게 가장 값진 성장의 시간이 되고 있다.

5

세상을 바라보는
새로운 시선

『논어』 위정편에서 공자는 나이 50이 넘어서야 천명을 알았다고 말한다. '오십'은 하늘의 뜻에 따라 모든 시작과 끝이 결정된다는 사실을 받아들일 만큼 무르익는 나이라는 의미다.

오십 살이 되었을 때 내 모습이 어떨지 생각해 보지 않았다. 아이 키우느라 쏜살같이 가버린 10년 동안 달라진 것 없었다. 반복된 삶 속에 난 어딘가에도 없었다. 나를 위한 투자도 없었다. 직장도 가늘고 길게 다니고 싶었다. 일을 잘한다고 해서 승진을 보장해 주는 것도 아니었다. 일을 많이 한다고 해서 인정받을 수 있는 상황도 아니었다. 여유 없는 일상 속 우울한 감정이 자리 잡혔다. 세상 모든 근심과 고민은 나 혼자 짊어진 듯했다.

가족에게만 정성 다했는데. 내 모습을 찬찬하게 살필 여유가 없었을 뿐인데. 시간만 흘렀다. 단절된 기분에서 빠져나오려 할수록 진흙탕 속으로 깊이 빠졌다.

어려운 일만 닥쳤다. 오십이 되면서 내가 원하는 대로 이끌어 갈 새로운 가능성을 보았다.

2021년 12월. 마지막 한 해를 마무리하는 쓸쓸함 때문인지, 마음은 우울한 감정이 컸다. 유튜브 영상에서 '오일사 챌린지' 신청자를 찾았다. 오일사 챌린지가 뭐지? 마감 시간이 얼마 남지 않았다. 김미경 강사가 진행했다. 새벽에 일어난다고. 내가 잘하는 일 중 하나는 일찍 일어나는 거다.

'에이 모르겠다.' 신청 버튼을 눌렀다. 신청하고도 의심했다. 매월 14일 동안 새벽 5시에 일어나야 했다. 서로 응원해 주며 각자 공부 시간을 가진다는 거다.

아이를 낳고 나니 공부와는 거리가 멀어졌다. '과연 정해진 시간에 맞춰 일어날 수 있을까?' 겁부터 났지만, 궁금하기도 하고 새로운 각오가 필요했던 터라 무턱대고 일을 벌였다. 도전하는 자체만으로 가슴 뛰었다. 오랜만에 느껴보는 자신감이었다.

알람에 맞춰 눈을 떴다. 세수도 하고 따뜻한 물 한 잔을 마실 여유가 있었다. 비장한 각오로 임했다. 아무런 메시지도 오지 않아 별생각이 다 들었다. 신청이 안 된 걸까? ZOOM 입장 주소가 메시지로 전해졌다. 필기도구도 준비되지 않은 채. 책상에 놓여 있던 연습장과 볼펜을 집어 들었다. 시작을 알리는 경쾌한 음악과 함께 시작되었다. 가슴이 쿵쾅거렸다. 강사 모습이 화면에 잡혔다. 김미경 강사 이름은 들어봤지만. 직접적 대면은 처음이다.

실시간 유튜브 영상을 찍기 위해 집에서 4시에 일어나야 한다는 이야기로 시작했다.

새벽에 무슨 강의를 듣는다고. 가족들이 한마디씩 거들었다. '다 늙어서 공부한다고.' 아직도 캄캄한 새벽에 일어났다는 사실만으로도 뿌듯했다. 강의 내용을 공책에 필기했다. 한마디도 놓치지 않으려고 귀를 기울였다. 1초도 허투루 할 수 없을 만큼 몰입했다. 생전 처음 해보는 경험이었다.

하나부터 열까지 가르쳐주는 곳이 있다니. 감격, 기쁨, 희망이 가득해지면서 희열을 느꼈다. 누군가 함께 글을 읽고, 생각을 나눌 수 있는 커뮤니티 공간에 속한 것만으로도 벅찼다.

꾸물거리거나 미루지 않고 꾸준하게 한다면. 내가 꿈꾸

는 삶에 닿을 가능성을 엿보았다. 둘째 날도 여유롭게 눈을 떴다. 공부 시작 전 나에게도 꿈이 있었나. 인생 목표가 뭔지. 꿈을 가지라고 말해 주는 사람만 있었지. 구체적인 방안을 제시해 주고 설정해 주는 사람을 만난 건 처음이었다. 직장 다니고, 결혼하고, 집 장만하면 다인 줄 알았다. 꿈, 비전도, 목표도 없는 채로 살아왔다. 수업 내용에 빨려 들어갔다. 고작 15분 메시지였지만, 난생처음 접하는 단어를 발견한 듯 큰 충격을 받았다. 내가 하고 싶은 공부를 한다는 사실만으로도 깊은 위로가 밀려왔다. 결국 눈물을 쏟게 한 그때의 충격과 떨림은 평생 잊지 못할 것이다. 그 변화는 셋째 날도 이어져 누가 시키지 않아도 자동으로 몸을 일으켰다.

문득, 자기 계발서는 단 한 권도 읽지 않았다는 사실이 떠올랐다. 그동안 무엇을 하고 살았는지 주마등처럼 스쳐 지나갔다. 남은 것은 자격증 시험과 취업 준비가 전부였다. 내게 아무것도 남아 있지 않다는 현실을 정하고 싶지 않다는 생각에 사로잡혔다.

강의 내용은 어른 공부였다. 생전 처음 하는 공부였지만 당장이라도 할 수 있겠다 싶었다. 세상에 이런 공부도 있었구나. 감탄사만 연발했다. 떨리는 입술을 깨물고 가까스로 호흡을 조절할 수 있었다.

지금 받은 감동을 아는 사람들에게 공유하고 싶었다. 공유와 동시에 그만해! 때려치워, '뭘 그렇게 하려고 해. 나이 오십에.' 메아리 되어 돌아왔다. 돌을 깰 만한 충격이었다. 혼자만 누리고 싶지 않아서였는데. 착각이었다. 한 달 동안 하루도 빠짐없이 도전에 성공했다.

평생 기억에 남을 만한 기회를 만끽했다. 지금 내가 하는 일이 내가 꿈꾸는 삶에 닿을 수 있도록 도와주는지 생각했다. 다시 오지 않을 행운을 놓치고 싶지 않았다. 실천하며 행동하는 사람으로 살아보는 다른 인생을 꿈꿔봤다.

오십이 되면서 비로소 세상이 다르게 보이기 시작했다. 마치 혼자 다른 세상에 갇혀 있었던 것처럼 좁았던 시야가 넓어지고, 삶을 새로운 관점에서 바라볼 여유가 생겼다. 이제는 앞만 보고 달려가기보다, 주변의 아름다움을 음미하며 여유와 친구가 되는 법을 익히고 있다

로널드 슈베페는 저서 『하얀 늑대에게 먹이를』에서 "우리 마음에는 흰 늑대(긍정적 감정과 사고)와 검은 늑대(부정적 감정과 사

고)가 함께 살고 있다" 말한다. 그리고 우리가 어떤 늑대에게 먹이를 주느냐에 따라 느끼는 감정이 결정된다고 했다. 내가 지금 어느 쪽을 믿고 선택하느냐에 따라 삶은 분명 달라질 수 있다는 진리였다.

지금까지의 나는 검은 늑대만 쫓아다니며, 부정적인 생각과 감정에 더 많은 먹이를 주었던 것 같다. 작은 실패에도 쉽게 좌절하고 새로운 도전을 망설였다. 하지만 이제는 작은 도전으로 성공하는 시간을 늘려가면서 하얀 늑대가 이끄는 대로 따라가 보고 싶다. 두려움과 불안 대신 희망과 용기에 먹이를 주고, 긍정적인 감정으로 가득 찬 삶을 만들어 가려 한다.

새로운 삶의 전환점에서, 나는 하얀 늑대와 함께 밝고 의미 있는 인생 그림을 그려나갈 것이다.

6

우물 안 개구리

'난 참 못난 사람인가 보다. 뭐 하나 잘난 게 없지.' 생각에만 빠져 살았다. 외모도 평범하고 능력도 특출하지 않았다. 온통 열등감으로 똘똘 뭉쳐 좋아하는 것이나 잘하는 것이 무엇인지조차 알지 못했다. 복잡한 일이 있으면 꽁하게 앉아 이마에 내 천 자만 쓰고 있었다. 새로운 일과 사람을 만날 때마다 존재감이 없었다. 그 탓에 자존감도 땅에 떨어졌다. 단단하게 마음을 먹고 시작한 일이 실패하면 좌절도 빨랐다. 초라했던 내 모습이 싫었다. 부모가 예쁘게 낳아주지 않았다고 원망도 했다. 있는 그대로 예쁘다고 말해 준 이도 없었다. 소중한 나의 존재를 사랑할 줄 몰랐기 때문이다.

혜승이한테는 자신을 사랑할 줄 아는 방법을 쉽게 알려주고 싶다. 지름길을 알려주고 싶었다. 우물 안 개구리처럼 지금 있는 세계가 전부는 아니라는 걸 보여주고 싶다. 새로운 도전을 혜승이와 해보고 싶었다. 세상은 넓고 할 일이 많다는 걸 아이가 느낄 수 있기를 바란다.

혜승이는 마음 약하다. 친구 관계에서 항상 제 의견은 뒷전이었다. 말을 잘 못해서인지, 제가 원하는 바를 제대로 전달하지 못하고 친구가 하자는 대로만 따라갔다. 나를 닮아서 말주변까지 제대로 타고나지 못한 탓인지 자책만 했다. 친구가 무슨 말인가를 쏘아대면 서러워 분한 마음을 이기지 못해 운다.

어느 날은 친구가 자기 물건을 가져갔냐고 다그쳤는데, 제대로 말하지 못하고 울기만 하고 왔다 했고, 얼마 전에는 말을 걸어오는 친구에게 대답해 주다 선생님께 걸려 혜승이만 혼난 일도 생겼다.

퇴근 후 아이의 눈이 벌겠다. 무슨 일이 있냐고 물어도 그냥 한참을 운다. 혜승이는 선생님에게 친구 사이에 일어난 일을 이야기했지만, 자기의 말을 듣지 않고 친구 말만 들었다고 한다.

참다못해 선생님에게 전화했다. 혜승이 말을 듣고 자초지종을 이야기했지만 혜승이가 잘못했다고 한다. 선생님 말씀으로는 혜승이는 벌어진 상황을 제대로 말하지 못했고, 친구는 또박또박 이야기했다는 거다. 한 가지 이유였다. 앞뒤 정황을 명료하게 말한 친구 말을 믿었던 거다. 이 한마디에 계속 말할 이유가 없었다. 혜승이와 다시 이야기 나눠보겠다고만 하고 전화를 끊었다. 화가 치밀었지만 참았다. 엄마인 나도 전화로 설명이 부족했던 걸까? 며칠 고민했다. 학교로 찾아가 다시 설명해야 하나. 아이들의 다툼에 내 감정이 휘둘리지 않도록 거리를 두려 했다.

두 주쯤 지났을까, 담임 선생님에게 전화가 왔다. 선생님은 어머니 제가 잘못 알고 있었다고, 정말 미안하게 되었다고 사과했다. 아이들 간의 다른 문제를 해결하는 과정에서 진실을 알게 되었다면서, '누가 봐도 설명을 잘하고 문제 해결 능력도 뛰어난 친구 말만 듣고 쉽게 판단했던 것 같다'고 덧붙였다. 그 한마디에 꽉 막힌 체증이 내려가는 듯했다. 전화 주지 않아도 되었을 텐데, 자신의 실수를 일부러 고백하시는 모습이 감명 깊었다.

일이 있을 때마다 나를 닮은 것 같아 마음이 쓰였다. 혜승이는 왜 이토록 나약한 것일까? 사람들 앞에 서면 긴장해서 말을 더듬곤 했다. 무슨 일이든 대충 해서 실수가 잦아 답답했다. 친구들 사이 놀림을 당할까, 봐. 마음 쓰며 애태웠다. 아이의 소극적인 성격을 바꿔주고 싶어 친구들과 함께할 체험 기회를 찾아 헤맸다.

혜승이가 초등학교 1학년 때다. 이날도 감기로 병원을 찾았다. 한참 기다렸다. 병원 탁자에 놓인 신문을 뒤적거리고, 병원 외부와 내부를 오가며 대기 시간을 기다렸다. 손주를 업고 힘겹게 숨을 헐떡거리며 병원에 도착한 할머니에게 주책없이 수다를 떨었다. 세 명의 외손주를 키우는 일이 힘들지 않다고 했다. 보람 있다며 본인이 자식을 키울 때는 몰랐다 한다. 부모는 자식이 맞벌이하며 숨통이 트일 수 있도록 도와주어야 해. 그 힘이 자식에게 더 많은 사랑을 쏟을 수 있다며 애정을 표하셨다. 손주들을 바라보는 눈에서는 그야말로 꿀이 뚝뚝 떨어졌다. 이야기 끝에 자식들 모두 웅변학원에 보낸 일이 본인이 인생에서 최고로 잘한 일이라 자랑이 없으셨다. 웅변을 통해 말하기 연습을 한 것이 도움 되었고, 어디서든 자신감을 얻게 되니 공부하라는 잔소리 없이도 공부를 알아서 하더라며 말 공부의 필요성을 강조했다. 귀에 쏙 박혔다. 나에게 꼭 필요한 정보였다. 손주를 보내려 해도 찾을 수 없다 했다. 웅변학원이 없어졌다는 하소연을 듣고 보니 길거리 간판에서 웅변이라는 말을 본 기억이 언제인지 가물거렸다.

바로 인터넷 검색을 했다. 혜승이가 말 연습을 배운다면 자신감이 얻을 수 있을 거라는 생각이었다. 한참을 찾아도 마땅한 학원이 없었고, 관련 검색어는 온통 리더십뿐이었다.

일단 나중에 찾아보자며 잊고 지냈다. 문화센터 전단지가 대문 앞에 붙어 있었다. 전단지 속에 리더십 과정이 눈에 띄었다. 바로 이거다. 위치도 가까워 부담은 없었다. 셀프 인성 리더십 강좌였다. 거창한 제목 탓에 어른만 대상으로 여겼지만, 초등학생도 신청할 수 있었다. 바로 신청했다.

'자신감 생기는 수업이야. 이번 주 토요일인데 같이 가보지 않을래'. 말이 떨어지기 무섭게.

'싫어.' 가기 싫다고. 왜 거기에 가냐며 한방에 거절했다. 딱 한 번만 가보자. 설득했지만 고집부린다. 못 보내면 어쩌나 안달이 났다. 기회를 놓치는 게 아닌가 싶어서다. 설득 끝에 마지못해 한 번은 가보겠다고 한다. 조마조마했다. 첫 수업을 받았다. '엄마! 수업은 재미있었는데 이번만 가고 안 갈래.' '뭐라고? 재미있는데 왜 안 가.' '한 사람씩 시켜서 부끄러워 못 하겠어.' 아이의 그 말에 수업이 꾸준히 이어지지 못했지만 억지로 보냈다. 가는 날보다 빠진 날이 더 많았다.

그 사이 코로나19가 닥치면서 문화센터 문은 굳게 닫혔다. 3년 넘도록 수업을 들을 수 없게 된 것이다. 이 수업만 받으면 겁많은 혜승이도 용기가 생길 거라 굳게 믿어서인지, 무언가를 놓쳐버린 듯한 아쉬움만 남았다. 포기하지 않고 언젠가는 수업을 듣게 하리라고 가슴에 담아 두었다.

코로나가 종식되고 혜승이가 4학년이 되었을 때, 수업을 다시 듣게 되었다. 저장된 선생님 번호로 연락이 닿았다. 수업 가능하다는 답에 벅찬 기쁨을 느꼈다.

혜승이는 이전과 다른 모습을 보였다. 토요일 오전 1시간은 어떤 일이 있어도 빠지지 않을 만큼 스스로 챙기며 즐거워했다. 강요가 아닌 자신감으로 이어진 듯했다. 멘토가 되어 주신 선생님을 다시 만난 것이 다행이었다. 멘토의 역할은 부모뿐 아니라 친구, 친척, 학교·학원 선생님 등 다양한 사람이 해줄 수 있다고 생각했다. 혜승이가 여러 사람과 소통하며 고민을 나누고 성장할 수 있는 통로를 마련해 주고 싶었다.

아이의 성장에 힘입어, 이제 나 자신에게 집중하기로 결심했다. 그 계기로 시작한 어른들의 배움 속에서, 저의 삶의 태도는 새로운 방향으로 물들기 시작했다. 이는 제게 참으로 의미 있는 변화의 시기였다.

특히 나에게는 누군가의 도움을 받을 수 있었던 소중한 기회가 찾아왔는데, 바로 사이버 대학의 4차 산업혁명 시대 관련 수업이었다. 그곳에서 만난 멘토는 "한 가지 일에 집중하라"는 핵심적인 조언을 해주었다. 변화를 간절히 원했지만, 막상 첫걸음을 떼려니 여전히 막막함과 두려움이 앞섰던 때였다.

부모 교육, 재테크, 시간 관리 등 다양한 분야의 배움 덕분에 나의 부족함을 메울 수 있었다. 지금, 과거의 나에게 이 말을 꼭 해주고 싶다. 우물 안 개구리처럼 "네가 있는 곳이 전부가 아니야"라고 말이다. 우물 밖으로 용기를 내어 나오면 상상 이상으로 근사한 기회와 멋진 세상이 펼쳐질 거라고 말이다.

7

새벽 기상,
삶을 바꾸는 습관

 하루를 늦게 시작하면 손해 보는 듯한 기분이 든다. 아침 일찍 일어나 활동하는 자체만으로 뿌듯하다. 아침에 일찍 일어나고 저녁 9시에 잠드는 루틴을 선호한다.

 독서에 조금도 관심이 없던 터라. 책 한 권을 읽는 데 한 달이 걸렸다. 누군가 억지로 시키지 않았는데도 책상 앞에 앉았다. 살아가는 방법을 찾는 나의 모습에 나도 놀랐다.

 학창 시절, 시험 기간에 밤샘을 자랑처럼 이야기하는 친구들을 보며 기죽었다. 오기가 생겨 오늘은 꼭 밤샘하리라 다짐했지만, 밤 11시도 되기 전에 엎드려 잠들었다. 몇 번의 시도 끝에 힘들어 포기했고 다시 예전 방식대로 살기로 했었다.

 일찍 일어나 나만의 시간을 가지며 하루를 시작하는 자체가 좋아서 가능했던 것 같다. 하루를 먼저 맞이하는 새벽. 온 세상의 시간을 독차지한 느낌이었다. 크리스마스 날 받은 설렘이 가득한 선물 같았다. 하루를 빨리 시작할 수 있었고 상쾌하고 평화로움을 받는 소중한 시간이 주어졌다.

인사이동이 있었다. 집에서 먼 거리였다. 대중교통으로 출퇴근하는 게 부담되었다. 2년 동안 이동이 제한되었다. 업무 특성상 혼자 인원이 배정된 곳이라 모든 일을 처리해야 했고 할 일이 산더미였다. 2년을 견뎌야 한다고 생각하니 힘든 점이 한둘이 아녔다. 육아휴직을 다시 낼까? 쉬고 싶다는 생각이 들었다. 남편과 언쟁은 여전했다. 직장생활에서도 보람을 느낄 수 없는 상황이었다. 혼란스러웠다. 아무 까닭 없이 트집을 잡는 상사 행동에 영문을 알 수 없는 시간을 보내야 했다. 출·퇴근할 때마다 버스 안에서 눈물을 훌쩍였다.

이러고 살 거면 뭐 하러 결혼했나? 아이는 왜 낳고. 무슨 부귀영화를 누리고 싶어서…. 오만가지 생각이 머릿속을 복잡하게 만들었다. 푸념을 들어 줄 사람도 없었다. 아이고 뭐고 다 집어던지고 훌훌 어디론가 떠나고 싶었다. 혼자서 속을 끓이고 있으니, 속병을 달고 살았다. 물밥에 김치를 얹어서 먹는 것으로 끼니를 때우곤 하는 일이 다반사였다. 소화가 안 되고 배가 팽만해 왔다. 속이 편하지 않을 때마다 가까운 병원에 가서 약을 먹었다. 순간뿐이었다. 계속 신경이 쓰이던 위 때문에 내과를 다녀왔는데 위가 발바닥처럼 부드럽지 않게 변하는 장상피화생이라 했다.

별다른 치료 방법이 없었다. 눈앞이 캄캄했다. 두 다리 힘이 풀렸다. 순간을 모면하는 방법은 운동하고 삼시세끼 제때 챙겨 먹을 수밖에 없었다. 운동을 좋아하지 않는 나로서는 또 다른 도전이었다. 체력이 한계에 다다랐기 때문에 무조건 해야 했다.

한 달에 책 한 권조차 끝내지 못했다. 남들이 영어 회화를 유창하게 하는 모습이 부러워 두꺼운 회화책을 사놓고는 목차만 훑어보다 덮어버렸던 적도 있었다. 다이어트를 시작하면서 1년 치 수강료까지 미리 냈는데 몸살이 나서 어쩔 수 없이 포기했다. 하고 싶은 마음에 시도했던 일들이 실패로 돌아가며, 성과 없이 주저앉았다. 실망만 반복되었다. 현재 처해 있는 상황과 준비하지 않은 미래에 대한 막연한 불안감이 겹치면서 좌절하고 우울했다.

직장 내 구내식당이 없었다. 도시락을 사 오거나 밖에 나가야 했다. 더운 날은 귀찮아 배달시키는 일이 많았다. 건강식 밥보다는 간편하게 먹을 수 있는 음식에 집중했다. 유일한 휴식 시간인 점심시간. 숨을 돌릴 수 있었다.

일이 고되어서 입에서 단내가 날 지경이었다. 신문 한 장 읽을 시간이 없었다. 해 질 때까지 집과 사무실을 시계추처럼 왔다 갔다가 하며, 힘들다, 피곤하다 말만 반복하며 아무 생각도 할 수 없었다.

책망하는 일이 많았다. 주변을 정리해야 운이 만들어진다는 책을 접했다. 집안 청소를 내팽개쳐 놓고 다녔다. 오랫동안 청소하지 않은 방은 먼지로 가득했다. 바닥에 소복이 앉은 먼지와 세면대 실리콘에 낀 검은색 곰팡이를 보면 닦아내고 싶었다. 핑계처럼 들리겠지만 손을 뻗어 청소할 힘이 없었다. 거실을 다닐 때마다 거슬리는 장난감은 발로 옆으로 미뤘다. 미세먼지가 많은 봄날은 알레르기 증상이 더 심해졌다. 아이가 눈을 비벼서 빨갛게 부어오른 눈두덩이를 볼 때마다 죄책감이 들었다. 쾌적하지 못한 주변 환경 때문인 것 같아서다.

청소해야 하는 집안을 볼 때마다 치우지 못한 마음이 무거웠다. 미안한 생각 가득했다. 마음은 굴뚝 같지만, 몸이 말을 듣지 않았다. 생각만큼 원하는 일도 안되고 새로운 마음으로 다시 시작하고 싶을 때 가정 먼저 해야 하는 일이 정리였다.

정리업체 도움을 받았다. 지저분한 집을 공개해야 했다. 창피해서 남을 대하기가 부끄러웠다. 여태껏 청소하기 위해 주변 사람 도움을 받은 건 처음이었다. 현재 집 현황을 사진으로 찍어서 보냈다. 싱크대, 장롱 안 곳곳에 들어앉아 있는 예쁜 쓰레기들이 어찌나 많은지. 여태껏 보지도 못한 물건이 꽉 차 있었다.

이 사진을 남에게 공개해야 한다니. 받아들이기로 마음을 접었다. 한결 마음이 편안해졌다. 혜승이 방과 부엌 두 군데를 중점 진행했다. 우리 집 현황에 맞게 가구 배치와 정리 방법을 알려주었다. 우선 곳곳에 숨어 있는 물건을 바닥에 모두 꺼내 놓았다. 언젠가 쓸지 몰라 모아둔 식기 세트며, 10년도 넘은 옷들이 집 안 곳곳에 흩어져 있었다.

정리는 버리기에서 시작되었다. 짐을 버리니 마음이 홀가분했다. 정리라는 작업은 해도 해도 끝이 없는, 힘들고 지겨운 일로 인식했다. 하루 10분. 시간을 내어 정리하면 부담이 줄어들 일인데, 10년을 묵혔다. 정리는 단지 주변을 치우는 것만이 아니었다. 공간 변화를 통해 생각하는 힘이 바뀌었다.

 집안이 깨끗해지고 주변도 정리되면서 새벽 기상을 제대로 실천할 수 있게 되었다. 일찍 일어나는 것만을 새벽 기상이라 여겼다. 아침에 일어나서는 어제 미뤘던 설거지, 지출한 영수증 챙기기, 영어 공부를 위한 괜찮은 영상 찾기 등을 했다. 하고 싶은 것보다 해야 하는 것에 조금 더 집중했다.
 새벽에 일찍 일어났을 뿐인데, 게으른 생활 습관이 차츰 바뀌어 나가고 있는 것이 분명했다.

 매일 아침 눈을 뜰 때마다 어김없이 찾아오던, 막연한 불안감과 초조함은 이제 더 이상 내 아침을 지배하지 않는다. 바로 새벽 기상을 통해 얻은 소중한 시간 덕분에, 생활 습관이 뿌리부터 긍정적으로 바뀌는 놀라운 기적을 경험했기 때문이다.
 과거 변화를 시도하지 않고 안주했던 나를 후회로 남길 뻔했지만, 지금은 이 작은 습관 하나가 가져온 삶의 극적인 변화에 진심으로 감사한 마음뿐이다.
 새벽을 여는 맑은 정신으로 시작된 생각의 변화는 곧바로 행동의 변화를 이끌었고, 다시 일상 전체를 바라보는 마음가짐까지 긍정적으로 바꾸는 강력한 힘이 되었다. 새벽 시간을 활용해 나 자신에게 집중하고, 계획을 실천하며 얻는 성취감은 자존감을 높이고 하루를 주도적으로 살게 했다.

이렇듯 새벽을 깨우는 습관이 곧 내 삶의 세상을 새롭게 바꾸고 있다.

8

독서가 주는 행복

 책과는 담을 쌓았다. 초등 고학년이 되니, 책을 읽지 않으면 안 되었다. 나만 빼고 다 책을 잘 읽는 것 같았다. 열 살 이전에 책 가까이 한 기억 없다. 그전에는 권장 도서 제목만 봤다. 읽기 싫은 감정이 컸기 때문이다. 선생님은 숙제로 독후감 다섯 편을 내주셨다. 다섯 편 중의 몇 편만 제출하려 했다. 개학 후 친구들은 독후감을 전원 제출하는 게 아닌가? 일기만 겨우 써서 방학 숙제를 제출한 나와는 달랐다. 적어도 한 권은 읽어야 한다는 선생님 조언에 겨우 한 권을 읽었다. 개학 날, 숙제를 못 했다고 말하던 친구들이 태연하게 독후감을 제출하는 모습을 보고 배신감이 밀려왔다.

 책을 읽고 싶었다. 숙제하지 않은 친구들이 독후감 제출하고 선생님에게 칭찬받는 모습 보니, 갑자기 읽고 싶어졌다.

친구네 집에 가는데 전집이 세트로 있는 걸 보고 부러웠다. 친구처럼 전집을 읽고 싶어 엄마에게 책을 사 달라고 졸랐다. '어차피 안 읽을 거잖아.' 엄마의 한마디에, 책에 대한 내 열정은 사그라들었다. '한번 읽어보렴' 격려의 말이 얼마나 중요했을까. 독서 습관은 환경의 영향을 받을 수 있었다.

책이 빼곡하게 꽂혀 있는 책장, 부모님이 함께 책을 읽는 환경이 갖추어졌더라면 어땠을까? 환경 때문에 책을 못 읽었다는 핑계만 대곤 했다.

여동생은 집에 놀 거리가 없어 일부러 친구 집에 자주 놀러 갔는데 그 이유가 책을 읽고 싶었기 때문이란다. 우리 집에 없는 전집류를 보고 싶은 욕심에 눈치 없이 다녔다고 한다. 시간 가는 줄 모르게 책 읽는 재미에 푹 빠져 보낸 시간에 관해 이야기했다.

집 근처에 도서관이 없었다. 도서관은 버스를 타고 나가야 했다. 거리가 먼 곳이었다. 멀어서 가기 싫었던 차에 마침 친구 집에 놀러 갔다 우연히 책 읽는 재미를 안 것이다. 나와는 정반대였다.

여동생은 3년을 친구 집에 가서 읽었다며, 각자 다른 중학교에 가면서 책 읽는 시간이 줄어들었다 한다. 그때 읽은 책이 국어 공부에 많은 도움을 받았다고 말이다. 책을 나보다 많이 읽어서인지 독후감 대회 나갈 때마다 상을 받았다.

  처음으로 인생 공부로 가입했던 커뮤니티에서 독서 모임을 알게 되었다. 매달 공통 책을 선정하여 읽고 토론하는 독서 모임이다. 가입할 수 있는 전제조건이 자유로웠다. 책을 읽기 위해서는 억지로 나를 구속하는 틀에 넣어야 했다. 책을 읽어야 하는 자체가 큰 부담으로 다가왔다. 평소 책을 읽지 않은 나 때문에 민폐가 되진 않을까 싶었다. 나만 책을 제때 읽어내지 못하고 줄거리도 이야기할 수 없을 것 같아 우려되었다. 걱정을 접어두고 무조건 참여했다.

  처음 선정된 책이『프레임』이다. 장르는 심리학이었다. 페이지가 많은 책은 아니었지만, 책 내용이 내 수준에서는 높았다. 설레고 떨리는 마음으로 참석했다. 다들 차분하게 막힘없이 발표하는 실력이 보통 아니었다. 등에서 식은땀이 흘렀다. 내 차례가 돌아왔다. 메모한 사항을 읽어 내려갔다. 각자 감명 깊은 문장을 읽을 때 놓쳤던 내용이 재해석 되었다. 이해 관점이 확대되는 것에 놀라웠다. 혼자였다면 포기하지 않았을까 싶다. 다른 사람의 생각을 경청하는 힘이 만들어졌다.

예스24에서 운영하는 북클러버도 가입했다. 한 달에 한 권 책을 읽고 독서 습관을 만들자는 목적이었다. 구성원 모두 책을 읽고 독서 후기를 작성했다. 독서 후기를 제출하면 매월 포인트를 받을 수 있는 방식이었다. 처음에는 전체 구성원 중 단 한 명이라도 제출하지 않으면 포인트를 받을 수 없었다. 그러다 모두 제출하지 않아도 되는 방식으로 변경되었다. 부담이 줄었다.

엉망으로 작성된 자료였지만 제출했다는 성취감에 빠졌다. 어떤 변수가 생겨도 제시간에 제출했다. 그때마다 내가 뭔가를 해냈네. 나도 할 수 있었네. 자신감이 생겼지만 모든 문제가 해결될 수 없었다.

책을 읽어도 눈에 들어오지 않았다. 앞 내용을 읽고도 이어서 그다음 페이지의 내용만 계속 반복했다. 같은 페이지만 읽어졌다.

초등학교 국어 공부부터 새로 해야 하나 할 정도로 의구심이 들었다. 성인이 책 한 권 읽는 데 한 달이 걸린다고 하면 남들이 뭐라고 할지 신경 쓰였다. 감추고 싶었다. 난독증이 있는 걸까? 문해력 문제일까? 책을 읽는 내내 문장이 들어오지 않았다. 한 달에 한 권은 읽을 수 있을 줄 알았는데 초집중해야 읽을 수 있었다. 짬짬이 읽는 걸로 독서 실력이 늘지 않았다. 제자리걸음이라는 생각에 의욕이 꺾였다.

시간이 지나자, 이 핑계 저 핑계를 대기 시작했다. 그 무렵 시력까지 나빠지면서 집중력도 떨어졌다. 여기서 포기해야 할까? 독서 방법에 뭔가 특별한 게 있을까? 잡다한 생각으로 머리가 복잡했다. 독서 모임 리더는 책 읽는 시간과 읽을 분량을 정해 보라고 했다. 예전에 즐겁게 읽었던 책이었지만 내용이 무엇인지, 기억나지 않는 현상만 반복되고 있었다. 읽을 때 감동은 남아 있지만 담긴 내용은 기억에 남지 않았다. 책 읽는 흉내만 내었다.

욕심내지 않고 하루 열 페이지만 읽겠다고 계획했다. 새벽 기상을 통해 책을 읽었다. 눈뜨자마자 책상 앞에 앉았다. 가족들이 새벽에 일어나서 피곤할 텐데 그만하라고 해도 계속했다. 책 읽는 데만 열중했다. 열중한 만큼 책이 읽혔다. 잠이 오는 눈을 비비며 읽었는데도 집중이 되었다. 책 내용이 파악되었다. 착각했나 싶을 정도로 재미있었다.

책 속에 펼쳐진 무궁무진한 세계 속에 빠져 헤엄을 칠 수 있는 유일한 시간이었다. 독서를 시작하지 않았으면 몰랐다.

책 속에 수많은 사람 이야기가 나에게 하는 조언으로 믿어질 정도였다. 책으로 인생을 바꿀 수 있을까? 책만 읽으면 삶의 문제가 해결될까? 라는 의문이 풀려갔다.

독서를 통해 세상과 소통하는 새로운 삶이 나에게 다가왔다. 40대 후반까지 책과는 거리가 먼 삶을 살았던 나는 이전에는 늘 환경 탓만 했다. 나를 이끌어 줄 멘토가 있었거나, 집에 책 읽기 좋은 환경이 마련되어 있었다면, 더 잘 읽었을 거라며 책임을 회피했다.

하지만 깨달았다. 환경은 스스로 만드는 것이라는 사실을 말이다. 직접 독서의 환경 속으로 뛰어들자, 책 읽기는 어느새 깊은 즐거움이 되었다. 이제는 독서가 가진 지혜와 성장의 힘을 온전히 느끼고 있다. 책을 통해 얻는 충만감과 행복은 그 무엇과도 바꿀 수 없다.

> 감정 한 걸음 더

　나는 어떤 부모가 되고 싶었을까. 아이가 태어나기 전, 나는 '친구 같은 부모'를 꿈꿨다. 권위보다는 소통을, 지시보다는 이해를 나누는 사람이 되고 싶었다. 아이가 어떤 고민이든 털어놓을 수 있고, 힘들 때 가장 먼저 나를 찾을 수 있는 그런 부모가 되고 싶었다.

　하지만 막상 부모가 되고 보니, 완벽한 이상향은 현실의 벽 앞에서 흔들렸다. 아이의 고집 앞에 무너지기도 했고, 내 안의 부족한 인내심과 마주하며 좌절하기도 했다.

　그렇게 시행착오를 겪으며 깨달았다. 내가 되고 싶은 부모의 모습은 거창한 목표가 아니었다. 완벽하지 않아도 괜찮다는 것을 받아들이는 것. 아이와 함께 웃고 울며, 함께 성장하는 과정을 사랑하는 것. 세상의 모든 풍파로부터 너를 지켜주지는 못하겠지만, 어떤 순간에도 너의 편이 되어 주는 것. 이제

나는 어떤 부모가 될 것이라 섣불리 정의 내리지 않는다. 너의 눈을 바라보며, 너의 행복을 진심으로 바라는 사람이 되고 싶다. 어쩌면 내가 되고 싶었던 부모는, 너를 만나고 사랑하게 된 순간부터 시작된 여정인지도 모르겠다.

제4장

엄마와 함께하는 감정 돌보기

너무 많은 책을 읽어주면
아이는 스스로 생각할 시간을 잃게 되고
너무 많은 것을 보여주면
오히려 아이는 아무것도 볼 수 없습니다.
아이 삶에 빈 공간을 만들어줘야 합니다.

『진짜 부모교육』, 김종원

1

아이 마음 마주하기

 무엇이 그리 급했는지 아이는 예정일보다 일찍 태어났다. 조금 더 뱃속에서 건강히 자랐다면 좋았을 텐데. 급하게 태어난 탓에 정상 체중에 못 미쳤고, 황달 증세로 인큐베이터 신세를 져야 했다. 그 일로 아이와 관련된 모든 미미한 사항에도 민감해졌다. 몸무게가 정상치에 못 미쳤다. 모유라도 먹이면 살이 오르려나 시도했다 일주일 만에 포기했다. 빠는 힘도 부족했다. 아이가 양껏 먹어줘야 하는데 그렇지 못했다. 젖몸살이 났다. 기존 먹는 양에서 조금만 늘려도 토했다. 뱃골이 작아 한 번에 많은 양을 소화해 내지 못한 듯했다. 울 때마다 젖병에 우유를 탔다. 뱃골 늘리는 법은 아이 스스로 배고픔을 느끼도록 하는 거밖에 없었다. 시간이 필요하다는 걸 알면서도. 참지 못하고 울면 바로 우유를 먹였다. 돌아서면 먹여야만 했다. 충분한 양을 먹여 보는 게 소원이었다. 먹지 않는 아이 억지로 먹게 하는 일은 힘들었다. 아이 몸무게 늘리는 방법에만 혈안 되어 주변도 살피지 못했다. 잘 먹지도, 충분히 자지도 못하는 아이를 돌보느라 나 역시 제대로 먹지도, 잠들지도 못했다. 그 탓인지 불안이 들어왔다. 아이와 마음을 나누는 것도 잊었다.

 돌이 지나도 눈에 띄게 달라지는 건 없었다. 입맛에 맞다고 생각되는 음식을 계속 만들어 먹였다. 죽이나 수프로 만들어 한꺼번에 많은 양을 만들어 두는 일이 많아졌다. 욕심만 냈다. 버리는 음식도 많고 돈은 돈대로 들었다.
 '안 먹으면 너만 손해야. 언제까지 견디나 보자.' 하며 아이만 바라보았다. 배고픈 표정은커녕 혼자서 온 방을 돌아다니며 신나 한다. 어찌 된 건지. 평소에 과자 부스라기도 먹지 않았다. 배고픔을 느끼게 하는 센스가 고장 난 걸까? 한참을 바라보며 마음을 볶았다.
 왜 그렇게 그 시간이 길게 느껴지던지. 밥 먹기를 거부하는 아이를 억지로 식탁 앞에 앉혔다. 길게만 느껴졌던 시간이 고작 2시간이었다. 몇 시간도 못가 또다시 아이 입에다 밥을 떠먹이고 있었다.

한 숟가락 어렵게 먹인 거 뱉어버리고, 음식으로 장난치는 아이에게 소리 질렀다. 한 끼 밥을 먹이려면 식탁에 앉지 않고 돌아다니며 먹는 건 기본이었고, TV에 정신없이 빠져들었다. 안 먹는 아이를 지켜보자니 인내심도 바닥나고 있었다.

초등학교 입학식 날 유독 다른 아이들보다 키가 작은 아이였다. 학교 갈 시간을 놓쳐 책가방을 울러 매고 뜀박질하며 씩씩거린 적도 많고, 실내화나 신발주머니를 잃어버린 날도 많다. 그럴 때마다 실수라도 하면 큰일 날 것처럼 야단법석을 떨었다. 생각할 틈 없이 몰아세웠다. 자기 일 하나 제대로 챙기지 못한다고 크게 꾸짖었다.

아이의 감정을 눈높이에 맞춰 살피는 일에 전혀 익숙하지 않았다. 천천히 바라보고 있자니 속에서 천불이 났다. 초등학생쯤 되면 알아서 잘 해낼 법도 한데. 따라다니며 여전히 밥을 떠먹여야 했다. 고기도 잘게 잘라줘야 먹고, 채소는 밥에 숨겨 먹었다가는 웩! 이게 뭐야 뱉어낸다. 음식에 대한 맛과 향에 예민하게 반응했다. 초콜릿 과자, 사탕, 햄버거 입에도 넣어보지 않는다.

구강 감각이 예민한 걸까? 밥 먹이기 전쟁을 치르는 엄마의 마음은 오직 같은 경험을 해본 사람들만이 온전히 헤아릴 수 있을 것이다.

이렇게까지 먹여야 하나. 배고프면 알아서 먹지 않냐고들 하지만. 아이가 잠에서 자꾸 깨는 것도 배부르게 먹지 않아서인지, 감기에 잘 걸리는 것도 먹는 게 없어 면역력이 약해서였다.

턱 밑까지 상을 차려다 주어도 누군가 먹여주길 기다린다. 보다 못해 몇 숟가락이라도 더 먹일 욕심에 아이보다 빠르게 숟가락을 든다. 혜승이는 당연한 줄 안다. '엄마가 밥 먹여줘. 내가 먹으면 빨리 못 먹겠어.' '그래도 먹어. 언제까지 먹여줘야 해.' 무응답이다.

스스로 설 수 있도록 돕고 싶었다. 말과 행동이 따로 노는 모순을 저지르고 말았다. 언제까지 아이를 따라다니며 챙겨야 할까? 의문이 들 때마다 결혼에 대한 후회가 밀려왔다. '결혼만 안 했어도 사서 고생할 일도 없었을 텐데. 어쩌다 결혼해서 내 발등 내가 찍었을까.' 하루에도 몇십 번씩 혼자 중얼거렸다. 집안일은 오로지 나의 몫이었고, 남편은 전혀 신경 쓰지 않아 속상했다.

아침마다 매번 시작부터 삐걱댄다. 세수하고 이 닦고 가방

메고 등교하는 모든 과정에 잔소리가 필수였다. 알아서 하지 못하는 아이를 기다려 주는 일은 나에게 가장 어려운 숙제였다.

'빨리해, 학교 늦어,' '준비물은 다 챙겼어,' '어제 챙겨놓으라고 그만큼 말했잖아.'

내 생각대로 따라오지 못하는 아이를 꾸짖기만 했다. 스스로 하지 못하는 아이 모습에 언짢은 감정만 쌓였다. 어른 대하듯 했다.

천천히 반응하고 행동하는 모습을 바라보았다. 기다려야 했다. 인상을 찌푸리게 하는 이 또한 내 마음에서 비롯되었다는 걸 몰랐다.

혜승이가 장난치듯 눈을 깜빡였다. 그냥 넘겼다. 밥을 먹을 때도 운동을 할 때도 마찬가지였다. 그만하라고 하면 할수록 심해졌다. 이유를 물었지만, 속 시원한 답변을 받지 못했다. 그냥 짐작했다. 인터넷 자료를 검색했다. '틱'일 가능성이 있었다. '틱'은 아이들이 특별한 이유 없이 자신도 모르게 몸을 움직이거나 소리를 내는 것을 말했다. 눈을 계속 깜박거리거나, 머리를 흔들거나 어깨를 실룩거리는 것처럼 신체의 한 부분에서 틱이 발생하는 것을 운동 틱이라 했다. 학령기 아동에게 흔하게 나타났다. 유전적인 요인, 학습 요인, 심리적 요인이 틱 발생 및 악화와 관련이 있었다. 예를 들어, 가족의 일원이 틱 증상을 오해하고 창피를 주거나 벌을 주어서 증상을 제지하고자 하면 아동이 정서적으로 불안해져 증상이 악화될 수 있다고 했다. (네이버 백과)

부모가 할 수 있는 가장 좋은 방법은 틱 증상을 무시하고 관심을 기울이지 않는 거였다. 무시하는 것만으로 저절로 없어진다는 말에 위안 되었다. 언제쯤 사라질 것인가에 대한 기약은 없었다. 긴 기다림이 필요했다. 이론 지식은 가슴에 새겼다. 깜박이는 눈을 볼 때마다 욱했다.

'하지 말라고 했지. 몇 번을 말했어.' 한 대 쥐어박은 거랑 별반 다르지 않았다. 언젠가 괜찮아지겠지. 기다릴 수밖에 없었다.

직장교육을 받고 동료와 커피 한잔하며, 나는 말끝에 아이 상황을 이야기했다. 당장 부모 교육을 받으라고 권유했다. 대학교 때 교양과목으로 부모 교육 수업을 들었지만, 이론뿐이라 지루하기만 했다. 시험 칠 때만 암기했을 뿐, 그때 배운 내용은 하나도 기억에 남지 않았다. 지금 당장 해결책이 필요한 상황에서 또 부모 교육을 받으라니, 눈앞이 캄캄했다.

삼 년이 넘는 긴 과정에 대한 부담과 기다림이 앞섰지만, 당장 해결책을 찾아야 한다는 절박함 앞에 부모 교육 과정을 이수할 수밖에 없었다.

모르는 수학 문제를 풀 때처럼 먼저 해답지를 넘겨받고 싶은 심정뿐이었다. 과연 부모 교육이 나의 근본적인 문제를 해결해 줄 수 있을지 의문이었고, 매일 전쟁 같은 상황에서는 모든 것이 막연하게만 느껴졌다.

급하면 돌아가라고 했던가? 동료가 알려준 홈페이지에서 검색했다. 홈페이지에 탑재된 사례를 통해 희망이 보였다. 망설이지 않고 바로 수강 신청을 했다.

아이의 마음을 어떻게 보살펴야 할지 몰라 답답하고 막막했다. 마치 캄캄하고 긴 터널 속에 갇힌 듯한 초조함에 속만 태우던 시간이었다.

다행히 부모 교육은 내게 아이의 마음으로 향하는 귀한 통로를 열어주었다. 교육 덕분에 절망감 속에서 비로소 희망의 끈을 잡을 수 있었다. 이제 아이의 감정과 필요를 이해하고 진심으로 마주하며 소통하는 법을 배우고 있다. 아이의 마음을 마주하는 이 시간은 나를 다시 일으켜 세우는 힘이 되고 있다.

2

불안을 달래주는 법

 학교 종소리가 나기 무섭게 가쁜 숨을 몰아쉬며 달렸다. 집에 도착하자마자 방문을 열었다. 엄마가 보이지 않았다. 덜컥 겁이 났다. 엄마가 정말 집을 나가신 건지 알 수 없었다. 주변에 물어볼 사람도, 기댈 곳도 없었다. 동네를 이곳저곳 돌아다니며 엄마를 찾았지만, 발걸음은 헛되기만 했다.

 아마도 초등학교 6학년 때부터였을 거다. 수업이 끝나기만 하면 이유 없이 불안했다. 엄마가 집을 비우기만 해도 안정이 안 되었다. 빨래를 걷으러 옥상에 올라간 날도. 대문 앞에 서서 30분을 운 적도 있다. 엄마가 흔들리는 건 아버지 탓인 듯했다. 아버지의 여자 문제로 인해 집안은 조용할 날이 없었다. 힘들어하는 엄마는 앙상한 가지만 남은 나무가 세찬 바람에 위태롭게 흔들리는 모습과 같았다.

아버지는 장손이 아니었기에, 엄마는 대를 이을 아들을 낳지 않아도 큰 죄책감을 가질 필요는 없었다. 엄마도 아들을 낳고 싶어 하셨고, 내리 딸 셋을 낳자 아들이 없는 것에 아쉬워했다. 정작 서운한 분은 외할머니와 아버지였다. 입버릇처럼 아들을 낳아야 한다고 엄마를 압박했다. 아들이 있어야 제사상이나 차려주지. '딸만 줄줄 있으니 남 보기가 민망하다' 말을 들을 때마다 불편했다. '할머니는 아들만 좋아하고. 싫어. 이제 우리 집에 오지 마.'라며 투덜거렸다. 어른들 하는 말에 끼어드는 게 아니라며 내 말에 대꾸조차 하지 않았다.

'무조건 아들은 낳아야 한다.' 압박감은 뿌리 깊었다. 친할머니한테도 아들을 낳지 못했다고 구박하신 탓인지, 집안 행사에 다녀오실 때마다 괴로운 심정으로 푸념을 쏟아내셨다. 엄마가 입버릇처럼 계속하는 말이 있었다. 막내 여동생을 낳았을 때 아버지가 던진 '장모님 또 딸입니까?'라는 말이 아픈 상황에서도 뼛속 깊이 새겨졌다며, 아버지에 대한 서운함을 토해내셨다.

모든 상황을 되돌아보니, 알게 모르게 엄마의 잠재의식 속에 아들을 낳아야 한다는 책임감이 자리 잡았던 것 같다. 외할머니나 친할머니, 아버지조차 아닌 엄마 스스로 의무감을 주입한 것은 아닌지 생각하게 되었다.

 학교에서 돌아오면 매일 슈퍼에 들러 사이다를 사 왔다. 엄마는 이유를 설명하지 않았다. 영문도 모르고 하루가 멀다며 다녔다. 슈퍼가 가까워서 다행이었다.

 속이 안 좋으면 병원에 가야지 사이다만 먹는다고 낫느냐고 해도 묵묵부답이었다. 사이다 한 병에 엄마 속병이 좋아졌다 나빠지기를 반복했다. 이럴 거면 상자로 사다 놓고 먹으면 좋으련만, 누군가를 괴롭힐 작정인 것처럼 한 병씩 샀다. 아이의 심부름이 얼마나 힘들었을지는 생각하지 못했다.

 몸에 해로운 사이다를 먹기는 해야겠고, 먹을 수밖에 없는 이유가 있었나 보다. 돈이 아까워서일까. 몇 달을 궁금하고 답답한 채로 사이다만 열심히 사러 다녔다. 5개월쯤 지난 듯했다. 엄마 배가 팽창하는 듯한 느낌을 받았다. 그냥 지나쳤다. 엄마 배가 자꾸 불러왔다. 엄마 살쪘어? 어 배가 툭 튀어나왔는데 라는 질문에 어색해했다. 이상한 느낌은 받았다.

 마흔이 넘은 나이의 임신이라니, 설마 하는 마음에 일부러 배를 툭툭 쳐보았다. 그때마다 엄마는 놀랐지만, 나는 '아니야. 그럴 리 없어. 아이 낳기만 해봐. 나 집 나가버릴 거야.'

믿고 싶지 않았다. '누가 마흔이 넘어 아이를 낳아.' 말도 안 되는 일이라며 엄마에게 자주 떼를 부렸다.

그때까지 아무것도 몰랐다. 엄마와 아버지는 친척 집 잔치가 있다며 외출했다. 기다리지 않고 먼저 잠자리에 들었다. 전화벨이 한참을 울렸는데도 받지 못할 만큼 깊이 잠들었나 보다. 꿈결에 전화를 받았다. '남동생이 태어났어. 아들이라고.' 아버지는 세상을 다 얻은 듯, 어울리지 않게 너털웃음을 한참 웃어 보였다. 잠결에 들은 소식이라 얼떨떨했다. 거짓말하지 말라고 쏘아붙였다. 기쁨보다는 난감함이 먼저 밀려왔다. 당장 친구들 얼굴을 어떻게 봐야 할지 걱정이 앞섰다. 다른 한편으로는 동생이 생긴다는 사실에 샘이 났고, 먼저 이야기해주지 않은 것에 대해 배신감을 느꼈다. 아이를 가진 것이 잘못은 아닌데도 창피하게 여긴 것일까?

마흔이 넘어 늦둥이 아들을 낳았다. 지금 돌이켜보면 그때 속이 울렁거리고 아파했던 건 아마 입덧이었을지도 모른다. 그렇게 힘든 상황에서도 아무도 눈치채지 못했다. 어린 나이에 알 리가 없었다. 아들을 낳기 위해 엄마는 007작전처럼 임신 사실을 철저하게 감추셨다. 그 이유가 궁금했지만, 지금껏 물어보지 못했다. 단지 늦은 출산이 엄마 스스로에게는 공개하기 어려운 창피한 일이었을 거라고 짐작할 뿐이다.

긴 기다림 끝에 남동생이 태어났지만 기쁨도 잠시였다. 태어난 지 삼 일도 지나지도 않았을 때다. 아버지가 초등학교 동기 모임에서 여자 친구를 만나면서부터다. 아버지가 부자라는 소문을 듣고 접근했다는 엄마의 추측이었다.

아버지는 바람을 피우고 있다고 이마에 써 붙이고 다녔다. 자정이 되어서야 술에 취해 들어오고 주말은 집에 없었다. 나갈 때마다 거울 앞에 서서 자기 모습을 살피는 일이 잦아졌다. 엄마는 왠지 모를 불길한 예감에 모아둔 돈을 은행에서 찾아 집에 숨겼다.

아버지는 돈이 떨어질 때쯤 돈을 찾느라 집안을 뒤집어엎었다. 없다고 하면 말다툼이 시작되었고 끝은 손찌검이었다. 아버지의 뻔뻔함에 넌덜머리가 났다. 여자 친구와 동업하려던 아버지는 사기당했음을 뒤늦게 알게 되었다. 엄마는 몸조리도 하지 못한 상태에서 넋이 나간 사람처럼 사방을 뛰어다니며 수습하려 애썼다. 남동생을 내게 맡겼다. 돌보는 일은 무섭고 두려웠다. 젖먹이 갓난쟁이를 보물단지처럼 어르는 일도 해야 했다. 그렇게 낳고 싶었던 아들인데 내팽개치듯, 아무것도 모르는 내게 맡겨 놓고 간 엄마도 야속했다.

중학교 때까지 집에는 고성이 오갔다. 나는 아무것도 할 수 없었다. 옆에서 어린 동생을 안고 울며 조마조마했던 생각뿐이다. 아버지가 외출이라도 하신 날이면 안심이 되었다. 엄마는 '네 아빠 보기 싫어서 멀리 떠나고 싶다.' 자주 말했다.

그때 불안이 여전히 남아 있다. 언제까지 어린 시절 불안을 그대로 이어갈 수 없다고 생각했다. 불안한 감정을 없앨 수 없지만 달랠 수 있다는 점에 집중했다.

아이를 낳고 보니 설레는 마음보다 불안한 마음이 밀려왔다. 어릴 적 엄마가 나를 두고 도망갈까 두려웠고, 부모님이 싸울 때마다 움츠러들었다. 그때의 내 마음이 고스란히 아이에게 전달된 것은 아닌지. 혹시라도 아이에게 소홀해져 잘못된 방향으로 키우게 될까 마음 졸였다. 아이가 조금만 울거나 밥을 먹지 않기만 해도 불안 때문에 제대로 잠들지 못하는 날이 많았다.

언제까지 불안해하며 살 수는 없었다. 스스로 불안을 다스리기 위해 3가지 방법을 실천했다. 첫째, 감정의 친구가 놀러

오면 반갑게 맞아주었다. 그 이유는 불안을 없앨수록 더 큰 두려움이 기다리고 있었기 때문이다. 불안하다 생각하지 말고 친구가 힘들 때 곁에 있어 주는 것처럼 내 마음을 먼저 챙겼다. 둘째, 생각하는 관점 바꾸기. 하루를 살아내다 보면 평온, 낙심, 좌절 등이 수시로 찾아온다. 그때마다 긍정적 생각을 가지기 위해 노력했다. 책 읽기와 글쓰기를 통해 세상을 간접적으로 경험하면서 내면의 평정심이 생겼다. 셋째, 명상하며 한곳에 집중하는 노력을 기울였다. 새벽 시간 10분만이라도 나 자신과 만나는 시간을 만들었다. 나를 만나는 짧은 시간 속에 조바심이 줄어들고 마음의 안정을 얻었다. 불안을 다스리는 힘은 나에게 있었다.

『자기신뢰의 힘』을 쓴 랄프 왈도 에머슨은 자신에 대한 믿음이 확고하면 그 속에서 새로운 힘이 생긴다고 말했다. 마음 깊은 곳에 자리 잡은 불안도 잠시 왔다 가는 태풍처럼 사라질 수 있으리라 상상한다. 오늘도 이 믿음을 붙잡고 한 줄 글쓰기를 통해 불안했던 마음을 가만히 위로하고 다독인다.

(3)

마음을 알아주니
아이의 해맑은 웃음

 '수업 내용 이해돼? 못 알아들은 거 아냐? 맨날 학원 빠지더니 잘한다.' 혜승이 일상생활에 신경 쓰게 되었다. 의욕이 없고 공부에 관심 없는 아이를 따라다니며 챙겼다. 잊고 있었다. 의심하는 나, 성적에 예민한 나. 사랑이라는 명목하에 자유롭게 해주지 못했던 내 모습이 겹쳤다. 엄마의 과한 관심과 배려가 아이에게는 버거웠을 것이다.

 눈 뜨자마자 전쟁이다. 옷 입는 일부터 잠자는 시간까지 챙겼다. 빨간색 티셔츠에 면바지 입으라고 챙겨 두면 혜승이는 다른 색깔 티셔츠를 골라 입었다. 10시에 자라고 하면 11시에 잤고, 11시에 자라고 하면 12시에 잤다. 친구들과 노는 시간은 하루 1시간으로 정했다. 게임을 하는 시간은 하루 30분이 최대다. 내가 알아서 한다니깐 제발 엄마 신경 좀. 아이가 항상 내 틀에 있어야 한다고 여겼다.

아이 마음을 살피지 않고, 엄마로서 의무만 다하려고 급급했다.

사랑한다고 생각했던 나의 행동이 아이에게는 과도한 규제였다. 나는 혜승이에게 너무 많은 제약을 두었고, 그로 인해 자유로운 표현을 막은 건 아닌지 반성하는 시간이었다. 내가 의도치 않았던 방식으로 제어하려 했던 것이 아이에게 얼마나 큰 부담이 되었는지. 아이가 느꼈을 불편함과 내가 놓친 감정들을 돌이켜보면 더 이상 아이를 통제하려 하지 않겠다고 마음먹었다.

초등학교 방학 숙제 이후로는 일기를 써본 기억이 없다. 육아일기조차 적지 않았다. 그러다 보니 어제, 오늘 내가 무슨 생각과 행동을 했는지조차 모를 지경이었다. 매일 무언가를 찾는 일의 연속이었다. 휴대폰이 어디 있는지, 자동차 열쇠가 어디 있는지 찾느라 허둥댔다. 책상 위에 세금 고지서 못 봤니? 분명 여기 뒀는데. 결국 종일 무언가를 찾는데 진이 빠지고 나면, 정작 해야 할 일은 뒷전이 되곤 했다. 바쁜 것도 습관이 되어버렸다. 나쁜 습관을 없애는 방법을 찾다가 일상 속 이야기를 기록했다.

아이가 초등학교 2학년 때부터 함께 나눈 대화를 적기 시작했다. 마주 이야기(대화체)식이었다. 처음에는 적기 싫어 워드로 작성했다. '마음은 더 많은 이야기를 하고 싶었지만, 그다음 무슨 일이 있었는지 도무지 생각나지 않았다.' 여유가 있는 날은 두 페이지를 넘었다. 그렇지 않은 날은 키워드만 적었다. 하루도 빠짐없이 기록하려고 했지만, 대화 내용이 확실하지 않으면 그 부분은 건너뛰었다. 저녁이 아닌 다음 날 아침에 글을 썼다. 바로 생각날 거라고 착각했다. 전날의 대화가 가물거렸다. 어제의 일을 기억하는 게 생각보다 쉽지 않았다. 매일 만족할 수는 없다고 나를 달래주었다. 소중한 기억을 챙기면서 알게 된 사실이었다.

워드로 작성하기가 쉬웠다. 자주 사용하는 프로그램이라 편하게 사용했다. 아쉬운 점은 짧은 글을 쓰려면 여러 번 백스페이스를 반복해서 눌러야 했다. 수고로움이 있어도 후다닥 글을 쓸 수 있었다. 보고 싶은 글은 검색 기능으로 금방 찾았다. 전자 파일로 작성된 글은 나에게 익숙하기도 했다. 써놓은 글들이 못나 보여도 손쉽게 수정할 수 있었다. 매 순간 기록하는 것이 의무처럼 느껴졌다.

제4장 엄마와 함께하는 감정 돌보기

학부모동아리 활동하면서 들은 강의 중 '적자생존'의 중요성을 강조하는 수업이 있었다. '적어야 생존한다.' 학교 졸업 후 손 글씨 쓰는 일이 많지 않았다. 손목이 뻐근했다. 시간이 지나면서 팔뚝까지 아파졌다. 있는 힘껏 눌러썼다. 글을 자주 써보지 못한 부작용이었다. 한 권을 다 쓰고 다른 메모장을 고르는 재미도 쏠쏠했다. 그렇게 자연스럽게 문구용품에도 관심이 가기 시작했고, 필기감이 부드러운 볼펜을 찾아 쓰는 즐거움이 더했다. 덩달아 혜승이도 일기를 적겠다고 동참했지만 오래가지는 못했다. 워드로 작성하는 일기보다 종이에 적으면서 천천히 혜승이를 바라보는 힘이 생겼다. 아이를 너그럽게 포용할 여유가 생겼다. 예전에 비해 아이 감정을 보살피면서 챙기려고 했다. '손으로 쓰지 않았으면 알 수 없었을 것이다.'

축구 경기나 영화를 본 날, 사용한 티켓을 버리지 않고 그날 일지에 붙였다. 혜승이가 내 일기장을 읽은 모양이다.

'엄마, 이런 것도 일기장에 붙여놨었어?' 하며 놀라며 말했다.

한 오락프로그램에서 엄마와 아들이 함께 여행 가는 장면을 접했다. 아들이 잘 차려준 요리를 먹은 엄마가 슬쩍 내민 선물 하나. 그 선물은 아이가 어릴 때부터 작성한 일기장이었다. 육아일기인 셈이었다. 일기장을 본 아들이 했던 말이 나에게 와닿았다. 엄마 이걸 언제부터 썼던 거야. '너 아주 어릴 때부터.' 엄마 정말 대단하다며, 울먹이는 모습에 나도 모르게 눈시울이 붉어졌다. 하루가 지나면 놓칠 수 있는 소소한 일상을 챙겼다.

초등학교 저학년 때부터 주말마다 기차여행을 다녔다. 울산에서 무궁화호를 타고 서울까지 편도 5시간이 넘게 걸렸다. 목적성 없이 무조건 기타를 탔다. 아이는 종착지에 도착해서 땅을 밟는 것만으로 신나 했다. 남편과 격주로 기차표를 예매하며 데리고 다녔다. 남편은 중부지방 위주 원거리를 데리고 다녔다. 멀미가 심한 난 단거리 위주였다. 누군가 뒤를 당기는 듯한 느낌. 체력이 바닥이 났다. 다짜고짜 아이에게 기차를 꼭 타야 하냐고 백번 물어도 무조건 타야 한다는 것이다. 1년 남짓 기차여행을 즐겼다.

학년이 올라가면서 기차여행도 소원해지더니 친구들과 축구 경기로 관심을 옮겼다. 축구 열광 팬 대열에 올랐다. 축구와 관련한 물품을 사달라 요구했다. 한참 축구에 관심을 가질 때는 여행을 가자고 했더니 지금은 가기 싫다고 한다.

실컷 다녀 더 이상 가고 싶지 않다고 말한다. 아이가 재미있는 건 열과 성의를 다해 관심을 가지는 아이라 파악했다. 축구 선수가 꿈이라 했다. 말이 떨어지기 무섭게 축구 학원에 등록했다. 축구 경기를 본 적이 없는 나로서는 아이 덕분에 실컷 보았다. 부모는 말없이 지켜봐 주는 것이 최고의 방법이 아닐까?

고학년이 되면서 축구에서 야구로 옮겨갔다. 처음에는 같은 반 친구가 야구하는 모습이 멋져 보였다고 한다. 몇 번 공을 주고받더니 축구에서 야구로 대상이 바뀌게 된 거다. 2024년 3월부터 시즌 경기를 시작으로 밤마다 야구 중계에 빠져들었다.

'마음껏 봐라. 대신 조건이 있어. 나중에 딴소리하기 없기, 그리고 숙제는 다 해 놓는 거다.' 야구 규칙도 모른 난 답답했다. 매일 야구 중계 보는 시간을 아이에게 할애했다. 중계에 몰입한 아들의 모습은 행복해 보였다. 나도 덩달아 함께 보면서 선수 이름, 나이, 키, 연봉까지 궁금해지기 시작했다. 어느새 볼과 스트라이크를 구분하는 수준을 넘어, 아들과 함께 스포츠 지식을 쌓았다. 아마추어 수준의 경기 분석 능력까지 키울 수 있었다.

혜승이는 언제든지 또 다른 것에 관심을 가질 수도 있다.

나는 아이가 관심 두는 것에 동참하며, 우리는 서로에게서 배우고 함께 성장할 것이다.

예전에는 아이의 감정을 살피지 못한 채 나의 요구만 일방적으로 밀어붙였다. 그럴 때마다 우리의 일상은 무너지고 흔들렸다. 하지만 이제는 아이의 감정을 인정하고 소통하고 있다. 그 순간, 삶 속에 무언가 따뜻하고 소중한 것으로 가득 채워지는 일상이 깊숙이 들어왔다. 아이의 마음을 깊이 들여다보니 내 세상도 환하게 밝아졌다.

마음을 알아주니 아이의 해맑은 웃음이 돌아왔고, 그것은 곧 나의 행복이 되었다.

4

엄마 감정 돌보기로
가족 행복 찾기

 '너희 혜승이가 왜 그렇지. 얼른 큰 병원에 데리고 가. 어릴 때부터 치료받아야 회복이 빠를 거 아니야.' 이모는 이종사촌 동생과 이야기하다 알게 된 사실을 걱정하며 물어보았다. 더 늦기 전에 손을 써야 한다며, 다급하게 나에게 쏟아냈다. 큰 병은 아니지만 발달이 느린 편이라 했다.

 하는 일을 까먹고, 하굣길에 마주친 강아지를 보고 두려워 가던 길을 멈춘다거나, 엘리베이터를 타면 나만 갇히면 어떡하냐며 무서움을 표현했다. 그럴 때마다 아니라고 말해줘도, 아이는 좀처럼 믿지 않았다.

 처음에는 부드러운 말투로 공감했지만, 혜승이는 자신의 감정 속에서 헤어나지 못했다. 이해할 수 없다는 태도를 나무라는 일이 많았다. 혜승이는 밑도 끝도 없이 짜증을 냈다. 조금만 어려운 일에 직면해도 회피하려는 태도를 보였다. 느린 아이들이 보이는 반응의 사례로 보였다. 혜승이가 느린 아이인 건지, 어디서부터 퍼즐이 잘못 맞춰진 건지 찾아야 했다.

 당장 무슨 수를 쓰지 않으면 큰일이 날 것 같은 마음이 들었다. 이모 목소리에도 급한 마음이 실려 있었다. 이모는 가족을 살뜰하게 챙기는 사람이다. 상담받고 있어. 나도 그냥 느린 아이인 줄만 알았다. 전화 저편에서 이모가 뭐라 하는 말에 눈물이 핑 도는 것을 참았다. 내가 아이를 빨리 챙기지 못해서라 자책했다. 남편과 다투느라 교육을 소홀히 한 탓인 것 같았다. 너라도 밥 많이 먹고 힘내서 정신 차리고 아이 챙겨라. 괜찮을 거다. 아직 늦지 않았으니 노력해 봐.
 부모의 탓이라는 생각에 눈앞이 캄캄했다. 내 속에서는 뜨거운 불이 확확 솟구쳤다. 내 감정만 소중했을 뿐, 아이 상황은 안중에도 없었기 때문이다.
 직장 다니면 그럴 수 있다는 이모의 말 한마디도 아무런 위안이 되지 않았다.

 친정엄마가 아픈 뒤로, 일흔이 넘은 연세에도 마음이 잘 통하는 이모와 자주 통화하며 의지하게 되었다. 답답한 마음이 들 때마다 이모에게 넋두리를 늘어놓으며 위로받는다. 군더더기 없이 답을 주어 막혔던 속이 뻥 뚫리듯 시원했다.

영양제라도 챙겨 먹어야 너희 엄마도 돌보지. 이모는 현실적인 조언도 잊지 않았다. 이번에 직접 담근 된장이 좀 짜다고 했더니, 채소를 더 넣고 끓여 먹으라고 따뜻하게 격려해 주었다. 들깨, 참깨도 보내주시며 '열심히 갈아 먹여봐, 원기가 생길 거야.'라고 하셨다. 힘들어도 자식들이 더 신경을 쓰라며, 바리바리 음식을 챙겨 준다.

초등학교 여름방학 이모 집에 놀러 갔을 때였다. 모처럼 온 조카를 위해 상다리가 부러질 듯 푸짐한 밥상을 차려주었다. 집에서 맛보지 못했던 짭조름한 불고기, 갈빗대에 붙은 큼지막한 살을 발라 먹었다. 이모가 차려준 밥상은 허기를 달래줬을 뿐만 아니라, 깊은 마음의 든든함을 선물했다.

육아휴직 중인 남편 덕분에 초등학생 혜승이 양육에서 해방될 거라 믿었다. 나에게 개인적인 시간이 생길 것이라 기대했다. 퇴근 후, 따뜻한 밥상에 보글보글 끓인 된장국까지 받아 볼 상상을 했다. 웬일인지, 휴직 전보다 더 무거운 감정이 나를 맴돌았다.

거실에는 아이 책가방이며 옷이 널브러져 있었고, 입 짧은 아이 간식도 챙기지도 않았다. 내 뜻대로 되지 않는 현실에 성을 냈다. 마음 온도는 100도를 넘어 끓어올랐다. 남편이 잠시라도 내 이야기에 귀 기울여 주길 바라는 마음뿐이었다.

아이가 학교 간 사이 무슨 일을 하냐고 물어도 대답 없다. 먹은 그릇 설거지하는 법도 없다. 젖먹이도 아닌 아이를 챙기는 일이 어려웠는지. 육아휴직 중이니 챙겨야 할 일이 많지 않았을 텐데. 집안 정리라도 좀 해달라고 요청해 보기도 하고, 단호한 엄포를 놓아 보기도 했다. 말도 안 되는 소리 작작 하라는 어이없는 표정을 지었다. 자신에게만 투자하는 모습이 거슬렸다. 얼마나 대단한 일을 하기에 집안일 도울 틈을 내지 못하냐며 울화통이 터졌다. CCTV 달고 싶었다.

상사가 지나가다 한마디만 해도 화가 훅, 동료의 부탁에도 쉽게 마음이 상했다. 직장에서 화를 꾹 참고 일을 하다가도 집에만 오면 가족에게 짜증을 부렸다. 별것 아닌 일로 쉽게 울컥하고, 감정을 소모하고 나면 마음이 좋지 않았다. '이러면 안 되지.' 하면서도 다시 짜증을 부리고 있는 나를 자책하는 시간이 잦았다. '짜증 내는 나'의 문제라는 걸 생각해 보지 않았다. 스트레스를 받아서 그런지 밤에 잠도 설치고 피곤함을 쉽게 느꼈다. 컨디션이 좋지 못했다. 내 뜻대로 움직여 주지 않는 직원도 거슬렸다. 감정을 건드리는 사람이 있다면 크게 화가 나고 조절이 안 되었다. 기분을 종잡을 수 없었다.

2018년 부모 교육을 받았던 강사의 말이 귓가에 남는다. 짜증이 자주 난다는 것은 지금 삶에서 변화를 줘야만 한다는 신호였다.

지쳐있는 상태에서 자신을 더 쥐어짜면서 노력하는 것보다 잘 쉬어주는 것이 필요했다.

김종원 작가의 『너에게 들려주는 단단한 말』에서 '그럴 수 있지.', '힘든 일이 있나 봐.', '급한 일이 있구나.' 해야 가족을 이해할 수 있다고 알려주었다. 가족 사이에서도 노력이 필요했다. 이해하려는 마음이 필요하며, 바로 그 마음이 나 자신을 성장시키는 힘이 되었다.

이제부터는 삶의 변화를 위해 3가지를 실천하려 한다. 첫째, 나를 부정적으로 바라보지 않기, 둘째, 나의 마음을 알아주기, 셋째, 잠시나마 자연 풍경을 바라볼 수 있는 시간을 억지로라도 마련하기다. 남이 아닌 내가 나를 챙기면서 나아가는 것이 가장 현명한 선택이었다.

내 감정이 짜증으로 가득했던 시기에는 작은 자극에도 불만이 터져 나왔다. 무작정 책을 펼쳤고, 책 속에서 감정 돌보기가 필요하다는 사실을 접했다.

내가 지쳐있는 상태이며 휴식과 삶의 변화가 절실하다는 것을 배웠다 가장 중요했던 것은 나의 마음을 먼저 알아주는 일이었다. 신기하게도 나를 돌보자, 가족의 마음을 살필 수 있는 여력이 생겼다.

스스로 마음을 살피는 것이야말로 우리 가족 행복의 시작이었다. 내 감정을 건강하게 돌보는 행동이 곧 우리 가족 모두를 행복하게 만드는 길이었다.

5

배움의 속도가 달라도 괜찮아

 이 많은 걸 어떻게 전부 끝내라는 거야? 아무것도 할 수 없을 것만 같다. 오늘은 중요한 일들부터 하자. 서두르지 않고 차근하게 해 나가면 분명히 할 수 있어. '유치원 아이처럼 가르쳐야 합니다, 따라다니며 말해줘야 해요, 어쩌면 대학교도 못 갈 수 있어요. 군대도 못 갈지도 몰라요.' 상담 교사 말이다. 설마 우리 아이가요. 그럴 리 없다는 말을 속으로 내어보지만, 인정해야 한다는 말에 맥이 빠졌다. 하지만 아이 능력이나 잠재력을 어떻게 숫자로 다 표현할 수 있겠는가? 숫자에 갇혀 아이를 틀 속에만 가두었다. 놓치고 있는 걸 살펴야 했다. 배움이 느려 누구나 쉽게 가르칠 순 없지만, 자극을 주어 잠재력을 발휘하도록 도와줘야 하는 아이인 것 같다.

 돌이 지난 후부터 영상을 접하게 했다. 매체의 단맛을 알아 버린 거다. 설거지, 청소, 이유식 준비하는 동안 잠시 보여주자는 생각으로 시작했는데, 그게 습관이 되어버렸다. 자연스레 놀이와 대화도 줄었고 감추어 놓은 날에도 아이는 어떻게 알았는지 찾아왔다. 아이가 휴대폰을 보는 동안 잠시 딴 세상에 사는 듯했다. 연령대에 필요한 학습과 놀이로 지식을 채워 넣어야 할 시간을 놓쳤다. 또래 아이들은 다양한 체험을 경험하고 있었다.

우리 아이만 이상한 걸까? 학습, 예체능 모든 부분에 있어 관심과 흥미는 보이지 않았다. 종이접기, 레고, 그림 그리기는 하다가 말고 완성하는 법이 없었다. 하기 싫어 생떼만 부렸다. 옆집 엄마에게 물어봐도 만들어 놓은 규칙을 지키게 했다.

우리 아이만 이상하다. 답답한 걸 못 느꼈나 보다. 고개만 갸우뚱거렸다. 그럴듯한 해결책을 찾기 어려웠다. 혼자서 발만 동동 굴렸다. 아이를 가르칠 사람이 없었다. 책을 펴고 가르치려 하면, 갑자기 머리가 아프고 배가 아프다는 핑계를 댔다. 억지로 공부시켰다. 집중하지 못했다.

배움에 대한 거부감이 커서, 하나를 배우면 열을 잊어버릴 정도였다. 가르치는 내내 아이의 감정보다는 어떻게든 많은 양의 지식을 머릿속에 주입하는 데만 신경 썼다. 아이의 마음을 강제로 끌어당겨서라도 목표를 달성하고 싶었다.

 일곱 살 아이에게 한글과 수 개념을 지도했다. 모를 때마다 나도 모르게 눈썹을 치켜세우고 콧구멍을 넓히는 버릇이 나왔다. 더 이상 이렇게 가르쳤다가는 공부에 흥미를 잃겠구나 싶었다. 유치원 친구 엄마의 소개로 개인지도 해줄 선생님을 소개받았다.

 경력도 풍부하고, 아이 셋을 키운 엄마라는 말에 믿음이 가 바로 전화를 걸었다. 선생님은 수업 일정이 꽉 차 있어 시간을 내기 어렵다고 했다. 우리 집과도 거리가 꽤 멀었다. 2주 동안 메시지를 주고받으며 어렵게 시간을 조정할 수 있었다. 수업 조건은 별도의 교재를 구매하는 것이었다.

 선생님이 지도해 주신다는 사실만으로 감사해서, 조건 없이 바로 교재를 샀다. 수업은 주 1회, 국어와 수학 두 과목 50분씩 진행하는 방식이었다. 암기식이 아닌 단계적 이해를 목표로 진행된다는 설명이 아이에게 안성맞춤이라 여겼다. 수업 전 아이 상황을 이야기 나눴다. 처음에는 선생님도 이해하려 했다.

선생님은 수업을 마친 뒤에는 '어머니 힘드네요. 열 번을 가르쳤는데도. 오늘 수업한 내용 복습시켜 주세요.' 나는 '연신 힘드셨죠. 죄송해요.' 죄지은 사람처럼 마음이 작아졌다.

첫 시간 국어 수업은 짧은 동시 외우기였다. 글의 흐름을 파악하는 방법에 대해서였다. 휴대폰을 볼 때만 집중하던 아이에게는 버거운 숙제였다. 몸을 배배 꼬기 시작하면서 집중하지 못하고 이해하지 못했다. 선생님이 아니면 우리 아이를 맡길 사람이 없다며, 간곡히 부탁했다. 부탁을 거절할 수 없었나 보다.

어떻게든 해볼게요. 어쩔 수 없이 거절하지 못한 듯했다. 수업할 때마다 한숨이 절로 나왔다 한다. 여기서 멈추면 어떡하나 싶어 겁이 났다. 선생님이 전화 없이 잠적하셨다. 한 달 동안 힘들다는 말만 했는데, 힘드셨나 보다. 멍해졌다. 또 어디를 헤매며 헤아리는 분을 만날 수 있을까?

초등학교 입학하면서 아이는 선생님이 무슨 말 하는지 모르겠어. 선생님 하는 말 모두. 친구들 말은 알아듣겠어. 모르는 걸 구체적으로 이야기해 보라고 해도 명확한 답을 못 찾았다. 아이는 스스로 생각 정리가 안 되었다. 다그치듯 도대체 뭘 모르겠다는 거야. 모르면 선생님께 한 번 더 물어보면 된다고 말했지만 귀담아듣지 않았다.

  나의 초등학교 시절을 떠올렸다. 정확히 기억나진 않지만, 선생님의 말씀은 놓치지 않았던 것 같다. 조급하고 답답한 심정만 커서, 우리 아이만 왜 이럴까? 다른 아이들과 어떻게 다른 걸까에 초점만 맞추었다. 담임 선생님도 답답했었나 보다. 성장 통지표에 수 개념과 이해력이 부족하다고 강조했다. 아이를 내버려둔 부모가 된 듯했다. 남들보단 느려도 기초부터 챙기다 보면 길은 찾아지리라 보았다. 단지 학습적인 부분만 따라가지 못한 것뿐이야. 5학년이 되어도 여전히 학습이 어렵고 수업 내용을 모르겠다고 대답하는 아이를 바라보며, 엄마도 학교 공부에 관심을 가지며 동참했다.

  배움에 느린 아이 보살피는 방법으로 첫째, 장점을 활용하기로 했다. 분명 내가 보지 못한 장점이 있는데 놓치고 있지 않나 싶다. 둘째, 분명한 목표를 세웠다. 자신의 꿈을 향해 달려갈 수 있도록 조력자 역할을 해주려 한다. 셋째, 다양한 보상물을 제공하기로 했다. 정해진 시간 내에 해야 할 일을 표시하며, 놓치지 않도록 조언해 주었다. 과제를 완성했을 때 주어지는 선물이 있다. 치킨을 먹으며 야구 경기 볼 수 있는 행복한 시간을 만끽하였다.

허태균 교수의 "다름을 받아들일 때 다음이 있다."는 말을 가슴 깊이 새긴다. 아이의 성장과 배움에 있어 무엇을 가르치든, 가장 중요한 것은 혜승이에게 변함없는 안정감과 따뜻한 지지를 전하는 것이다.

'괜찮아. 천천히 가도 돼.'라고 조급해하지 않아도 된다고 안심시켜 주는 것이 배움의 과정에 앞서야 할 최우선이었다.

다른 친구와 비교하는 대신, 아이의 고유한 속도를 존중하고, 작은 실수를 통해 다시 도전할 수 있는 자신감을 얻도록 돕는 것이 중요했다.

배움의 속도가 달라도 괜찮아. 그 속도 그대로 나아가는 아이를 믿고 응원한다.

6

함께 웃는 시간
아이와 행복하게 노는 법

혼자서 노는 걸 두려워한다. 누군가 옆에 있어야만 잘 놀려고 했다. 집중하지 못하고 손가락, 발가락을 꼼지락거리며 의자에 가만히 앉아 있지 못하는 산만한 아이와 어떻게 놀아야 하는 걸까? 이론적으로는 6세 아이는 독립적인 놀이를 할 수 있고 정교한 동작이 가능하다 한다. 초등학교에 다니는 아이가 집중력에 어려움을 겪을 때, 부모는 어떻게 도와주어야 할까?

집중력이 부족한 아이를 바라볼 때, 어른들 역시 피곤하거나 흥미가 없을 때 무언가에 집중하기 어려운 것처럼, 아이에게도 분명히 집중을 방해하는 원인이 있을 거였다. 노력이 부족하다고 판단하기보다, 아이가 스스로 집중할 힘을 기를 수 있도록 돕는 것이 핵심이었다.

잘 먹고 잘 자는 것만으로 아이의 집중력 발달에 도움이 된다고 한다. 하지만 혜승이는 매일 무언가를 고민하는 듯 충분히 먹지 않고 잠을 자지 못하는 듯했다. 배가 부르지 않아 잠을 설치고, 작은 소리에도 깼다.

충분한 영양과 수면이 부족한 상태라면 아이가 집중력을 발휘하기는 어려웠다. 여기에 기질적인 산만함과 높은 불안감까지 더해져, 혜승이는 한시도 가만히 있지 못했다. 노는 중에도 쉽게 다른 놀이에 관심을 돌렸다. 집중력 문제를 단순히 기질 탓으로만 돌리기보다, 먼저 충분한 수면과 식사라는 기본 환경부터 안정시키는 것이 중요했다.

혜승이가 태어난 지 7개월 무렵이었다. 한증막 같은 여름에 아기띠를 매고 뻘뻘 흘리며 백화점 문화센터로 가는 버스를 탔다. 버스 안의 풍경도 아이에게 보여주고 싶었다. 백화점 안은 에어컨 바람에 한기를 느낄 정도로 차가운 공기가 감돌았다. 더운 곳에 있다가 차가운 곳으로 오니 머리가 띵하게 아팠다. 한 생명의 인생을 책임져야 하는 의무감에 이 정도 더위쯤이야.

하루 종일 집에서 시간을 보내는 것이 버겁게 느껴지던 참이었다. 오감을 만족시키는 다양한 체험의 기회를 아이에게 누리게 해주고 싶었다. 교구를 활용한 오감 만족 영유아 과정에 등록했다.

인터넷으로 수강 신청을 했지만, 대기자 다섯 번째였다. 나만 유별난 엄마인 줄 알았는데, 열정을 가진 엄마들이 많다는 사실에 놀랐다. 찜통더위에도 아이를 데리고 나들이 할 수 있는 그들의 체력과 정신력 또한 대단했다. 나 역시 열심히 배워 아이를 가르쳐야겠다는 열의로 가득 찼다. 아이를 위해 뭔가를 해냈다는 뿌듯함에 젖었다.

속으로 널 위해 엄마가 이런 경험도 시켰다며 스스로 만족했다. 아이는 이게 뭔지 몰라 눈만 어리둥절해하며 주위만 살폈다. 수업 내용을 옆에서 찬찬히 도와주어야 했다. 성급하게 후다닥 해치우기 바빴다. 반응이 없는 아이를 옆에서 지켜보는 것도 답답할 노릇이었다.

강사가 인내심을 가지고 지켜보라고 조언했다. 아이가 똘똘한 것 같다며 꾸준히 시켜보라고 격려까지 했다.

어릴 때 교구를 접한 아이는 창의력이 풍부할 것이라는 이야기를 들은 적 있다. 다섯 번쯤 다녔을 때였다. 그날따라 30분 정도 일찍 도착했다. 강사가 옆으로 슬쩍 다가오더니 '아이 몇 개월이에요'라며 묻고는 교구의 중요성을 홍보했다. 한참을 귀 기울여 듣고 나니, 이것이 꼭 필요한 물건이구나 하는 생각이 들었다. 그날 일찍 도착하지 말았어야 했다는 것을.

 강사의 감언이설에 그만 혹하고 말았다. 그 자리에 바로 계약서를 썼다. 생각지도 않은 물건을 덜컥 사버렸다. 남편과 상의 없이 몰래 저지른 일이었다. 계약하고 보니 금액이 만만치 않았다. 당장 생활비에서 할부 금액을 감당할 방법이 막막했다. 일주일 내내 남편이 알까 봐 끙끙 앓았다.
 사실을 말하자, 돈에 인색하기 짝이 없는 남편은 그 자리에서 반품하라고 했다. 한마디 말도 못 하고 필요성만 간신히 설명했다.
 아이를 위한 건데, 집에 하나쯤 사도 되지 않으냐고 내세웠다. 논의하는 과정에서 서로 고성이 오가기도 했다. 이럴 거면 아이 교육 당신이 시켜보라며 포기하겠다고 엄포도 놓았다. 아이가 한 명인데 이 정도야 투자는 가치가 있다고 내세웠다. 나흘 동안 실랑이를 벌였다. 끝까지 의견을 굽히지 않았다. 남편도 하는 수 없이 승낙했다. 교구로 잘 놀아주리라 기대했다.

수납장과 교구가 도착했고 거실 한쪽이 가득 채워졌다. 그제야 사태의 심각성을 깨닫고 정신이 번쩍 들었다. 교구의 종류가 많아 내가 주도적으로 아이와 놀아주기에는 버겁게 느껴졌다. 교재를 보면서 따라 했지만, 강의를 들을 때와는 전혀 달랐다. 가르쳐 준 대로 되지 않았다. 이 많은 교구를 이고 살아야 할 판이었다. 크지 않은 거실 한쪽, 놓여 있는 교구 더미를 바라보는 것만으로도 고구마 백 개는 먹은 듯했다. 아이와 즐겁게 노는 방법을 찾기보다는 앞으로 이십사 개월 동안 갚아 나가야 할 할부 금액만 떠오르는 건 왜일까?

'원하는 물건 샀으니 신경 쓰지 마'라고 스스로 다독였다. '맙소사. 한 번도 해본 일이 아닌데' 사놓고 바라만 봤다. 문제를 해결하기 위해서 수단과 방법을 가릴 처지가 아니었다. 교구 사용 방법을 무조건 배워야 했다. 수업료라도 아끼려고 아이가 자는 동안 지침 대로 따라 해봤다. 이 교구는 왼쪽 손을 잡고, 저 교구는 오른쪽 튜브로 빼고, 나온 튜브를 다시 왼쪽으로 넣으면 되는 건지 감이 흐릿했다.

실력은 늘지 않았다.

일주일 동안 혼자 교구 사용법을 연습했고, 아이의 관심을 끌려고 억지로 큰 반응까지 보이며 시도했다. 아이는 엄마가 아마추어라는 것을 감지한 듯했다.

활용되지 않는 교구들은 아이에게 싫증이 난 장난감이 되었다. 베란다 한구석에 쌓였다가 기부하였다. 남는 것은 제대로 활용하지 못한 것에 대한 후회와 갚아야 할 할부 금액뿐이었다.

어쩌면 아이가 잘 가지고 놀 수 있도록 수단과 방법을 총동원하지 못한 내 탓은 아니었을까. 아이가 흥미를 갖도록 했더라면, 지금쯤 창의성이 풍부한 아이로 자라지 않았을까 아쉬움만 남았다.

아이와 잘 노는 방법을 찾고 있다. 기본은 거창한 놀이가 아닌, 부모의 따뜻한 표정과 부드러운 말투에 있었다. 아직도 부모와 함께하는 시간을 가장 좋아하는 아이가 기특하고 고맙다. '이제 혼자 놀 때도 되었는데' 하는 생각 대신 지금, 이 순간 아이와 온전히 함께 시간을 보낼 수 있다는 사실에 감사하다.

적절히 눈을 마주치고 다정한 말투로 이야기해 주는 것만으로도, 아이는 환한 미소로 보답해 주었다. 아이에게 중요한 교구는 값비싼 장난감이나 도구가 아니라, 엄마가 온몸으로,

온 마음을 다해 사랑과 즐거움을 표현해 주는 교감이었다.
 함께 웃는 시간, 아이와 행복하게 노는 법은 바로 이 '마음'에 있었다.

7

한마디 칭찬이
기적을 만든다

온달이 평강공주의 격려와 칭찬 덕분에 유명한 장군이 되었듯이, 누군가의 칭찬 한마디는 한 사람의 인생을 바꿀 만큼 큰 위력으로 발휘되었다.

나는 주변 사람들에게 칭찬하는 일에 인색하지 않았다. 동료들이 업무를 잘해내면 아낌없이 칭찬했고, 좋은 일이 있을 때는 내 일처럼 도왔다.

유독 혜승이에게는 칭찬에 인색했다는 사실을 미처 몰랐다. 지금 와서 돌이켜보니, 이유가 남의 시선에 신경 썼기 때문이었다. 내가 어릴 때 칭찬받은 경험이 부족했던 탓일 수도 있었다. 감사한 일도 많은데 정작 가장 가까운 아이에게 칭찬을 아꼈다. 남의 시선을 신경 쓰기보다 가족을 중심에 두는 것이 마땅했다.

지저분한 책장을 정리하다 혜승이 초등학교 2학년 국어 교과서가 눈에 들어왔다. 무심히 가운데 책장을 넘겼다. 칭찬하는 말에는 방법과 주의점이 있다는 내용이었다. 칭찬이나 고마움을 표현할 때 칭찬하는 사람과 듣는 사람의 기분을 모두 고려해야 한다는 것이 핵심이었다. 아이에게 감정을 담은 말을 남발했던 지난날이 떠오르며 마음이 걸렸다.

'너는 꾸준히 하는 게 없어?' '숙제는 안 하고 휴대폰에 빠져 있고 속이 터진다.'

이 말들은 혜승이에게 습관처럼 내뱉는 말이었다. 말이 씨가 된다는 말을 떠올릴 때마다 멈칫했지만, 이미 뱉은 말을 주워 담을 수 없었다. 미디어 바다에서 헤어 나오지 못하는 아들을 어떻게 도와야 할지 몰라 답답했다.

지인이 추천해 준 『하루 15분 책읽어주기의 힘』을 읽었다. 부모가 아이에게 책을 읽어주면서 책과 친밀감을 느끼게 되는 내용이었다. 책에서 일러준 지침대로 따라 한다면, 우리 아이도 책을 좋아하는 아이로 만들 수 있겠다 싶었다.

아버지가 책을 아이에게 읽어주었을 때 더 좋은 영향을 준다는 거였다. '아버지가 책을 읽어주는 경우, 특히 남자아이들의 학업 성취도가 높게 나타났다.'라는 연구 결과도 제시되어 있었다.

혼자 읽어내는 힘을 기르는 데만 치중했다. 그저 책만 사다 놓으면 알아서 읽겠지 싶었다. 큰 오산이었다. 아이가 책 읽기의 행복함을 느낄 틈도 없이 읽지 않는다고 호통만 쳤다. 그 호통에 아이의 책에 대한 호기심은 달아나 버렸다.

아버지가 아이에게 책을 읽어주면 끈끈한 정서적 유대감과 공감 능력이 생긴다는 이야기를 들었다. 혜승이에게 바로 적용해 보고 싶었다. 아침잠이 덜 깬 남편에게 책에 관한 이야기를 꺼내며 부탁했다.

'내가 저녁 준비와 설거지하는 동안 아이 데리고 방으로 가서 10분이라도 책 읽어줄 수 있을까?' 남편이 흔쾌히 수락할 줄 알았다. 돌아온 대답은 피곤하다는 핑계였다.

초등학생인데 혼자 못 읽는 것도 아니고, 꼭 읽어줘야 하냐는 남편의 질문에 듣기 싫은 마음이 들었다. '내가 그냥 내가 읽어주고 말지.' 생각하면서도 한편으로는, '정말 다 큰 아이인데 계속 읽어줘야 하나?' 하는 고민이 들었던 것도 사실이다. 작가의 말이 맞는 건지 온갖 생각이 스쳤다.

남편 역시 나와 같은 혼란스러운 감정을 느꼈을지 모른다고 생각했다. 아이에게 책을 읽어주는 것은 단순히 글자를 전달하는 행위가 아니었다. 다정하게 마주 앉아 목소리를 들려주는 그 시간이, 아이에게는 어떤 학습보다 소중한 정서적 교감과 안정감을 얻는 시간이었다.

15분, 못 읽을 것도 없지. 남편을 기다릴 수 없어 내가 직접 나섰다. 아이가 눈뜨자마자 15분, 저녁 잠들기 전 15분. 하루에 한 권을 정해 읽어주었다. 읽을 때마다 혓바닥이 바짝바짝 마르고 갈라졌다.

일주일 꾸준히 읽었다. 발음이 꼬이고, 읽어야 할 줄은 건너뛰는 일이 잦아졌다. 읽을 때마다 돋보기를 찾아야 했다. 침침한 눈을 겨우 뜨며 읽어 나갔다, 아이가 옆에서 '엄마 조금 천천히 읽어.'라고 말했지만, 출근 시간과 맞물려 마음은 종종걸음이었다. 책은 읽어줘야겠고 시선은 자꾸 흘러 마음만 급하니, 읽어주는 내내 이것이 숙제로 다가왔다.

틈이 나지 않을 때는 점심시간 짬을 내어 목소리를 녹음해 들려주었다. 녹음한 파일을 틀어줄 때는 무거운 짐을 내려놓는 듯했다.

저녁 시간은 늘 녹초가 되었다. 읽는 내내 눈이 감겨 비비면서 읽었다. 아이가 재미없어할 줄 알았는데. 잠자리에 누워 집중해서 들어주는 모습이 진지했다.

혜승이가 자동차에 관심 많아, 처음에는 집 근처 도서관에서 자동차 책을 빌렸다. 그러다 『자동차 전집』 책을 읽어주게 되면서, 저녁 잠자리에서 책 읽어주는 시간이 자연스레 늘었다.

혜승이가 여덟 살이 되었을 때, 『책 먹는 여우』 다섯 페이지를 읽어주자 "엄마 책이 그렇게 맛있는 거야?", "나도 책을 찢어서 한번 소금을 뿌려서 먹어 봐야겠어."라고 반응해 주었다.

책을 읽어주지 않았다면 아이의 순수한 감정을 읽어낼 기회조차 없었을 것이다. 책을 통해 아이를 무한 칭찬하는 방법을 터득했다.

내가 터득한 방법은 아이의 성장 일기를 쓰는 것이었다. 혜승이가 아홉 살이 되던 해, 노트 한 권을 꺼내 속상함이나 기쁨 같은 여러 감정을 기록하기 시작했다. 기록으로 남기지 않았다면, 소중한 감정들은 흘러가 온전히 내 것이 되지 못했을 것이다.

다음으로 시도한 것은 손 편지 쓰기였다. 그중에서도 필통 속 메시지를 몰래 넣어 주는 방법을 썼다. 긴장하는 혜승이에게 든든한 지원군이 함께하고 있다는 느낌과 받는 즐거움을 선물하고 싶었기 때문이다.

마지막 방법은 하루 한마디 서로 칭찬해 주기였다. 아이와 함께 연습했다. 엄마, 아빠도 서로 칭찬하기 시작했다.

'여보, 새로 산 옷이 잘 어울리는데. 저녁 반찬이 맛있는데, 된장찌개가 끝내줘.' 칭찬을 건넨 뒤에는 서로의 눈을 바라보았다. 칭찬도 연습이 필요하다는 것을 그때 알았다.

쑥스러움을 무릅쓰고 연습 삼아 자주 했더니, 자연스럽게 입에 붙기 시작했다. '지난번엔 안 됐는데 그새 잘하게 됐네. 아마 여러 번 연습하면 잘될 거야. 이야, 너 힘들어도 끝까지 완성하더라. 정말 멋져. 수학 문제 끝까지 풀려고 노력해 줘서 대견해.' 마음을 따뜻하게 만드는 칭찬의 기적에 흠뻑 빠지게 되었다.

솔직히 처음에는 아이에게 칭찬거리를 찾기가 어려웠다. 하지만 매일 성장 일기를 쓰면서 아이를 관찰했고, 덕분에 칭찬하는 표현 방법이 늘어났다.

어린 시절 엄마가 읽어준 책이 행복한 기억으로 오래 남기를 바랐고, 아이에게도 모든 순간들이 소중히 기억되기를 바란다. 더 나아가, 아이가 또 다른 누군가에게 행복을 전할 수 있는 사람으로 성장하기를 소망한다.

아이를 꾸준히 관찰하고 칭찬하는 연습을 지속하자, 아이에게 긍정적인 변화가 나타났다. 동시에 제 마음에도 감사하는 마음이 깊이 자리 잡혔다. 한마디 칭찬이 기적을 만든다는 것을 믿는다. 아이의 성장을 돕는 실천이 세상을 바라보는 눈을 넓혀 주었다.

8

나를 도와준 사람

 1년에 두 번 승진 후보 순위가 공개된다. 이번도 변동 없겠지. 마우스를 클릭했다. 순위는 꼴찌. 성실히 일해도 변함없는 순위에 힘이 빠졌다. '나도 이제 은퇴가 얼마 안 남았는데 좋은 콘텐츠 만드는 유튜버나 해보면 어떨까?'

 '유튜버는 아무나 하나? 망한 사람들이 얼마나 많은 줄 아니. 시도도 하지 마라.'

 '직장생활 하면서 어렵게 모은 돈 다 날린다. 다니는 직장이나 감사하게 다녀야지.'

 '욕심부리지 마.' 세상일이 내 뜻대로 되지 않는다며 욕심을 잠재웠다. 내가 해결할 수 없을 것 같은 도전에 힘들어할 때 혜성처럼 은인이 나타났다. 직장생활, 육아, 인생 문제를 푸는 과정에 상처받고 좌절했다. 그때마다 넘어졌을 때 도와준 분들이 있었다. 운이 좋았다.

업무 5년 차였다. 조직개편으로 부서별 정원이 조정되었던 때다. 부서 직원 중 한 명이 다른 부서로 이동되어야만 했다. 서로 눈치만 볼 뿐, 대상자 선정 기준을 마련하기에는 답이 없었다. 누구나 낯선 공간으로 이동하는 것을 원치 않은 눈치였다. 한 부서에서 10년 넘게 같은 업무를 해온 사람들과 함께 일했던 때였다. 승진 대상자 선정 기준으로 활용된 점수도 매번 꼴찌였다. 일의 많고 적음에 따라 차등적 순위가 부여되는 것이 아니라, 승진의 기회를 잘 이용한 직원에게 공이 돌아갔다.

주변 환기가 필요한 시점이었다. '저요'라고 손 들고 싶었다. 팔이 올라가지 않았다. 익숙하지 않은 곳으로 움직인다는 것이 겁이 났다. 업무에 대한 정보도 부족했기 때문이다. 제비뽑기로 정했다. 가고 싶은 마음은 컸지만, '진짜 될까?' 하는 걱정에 가슴이 떨렸다.

던져진 종이를 주웠다. 주위에서 난 아니야, 나도 아니야라고 외쳤다. 내가 당첨됐다. 높은 경쟁률을 뚫고 얼떨결에 되었다. 실제로 되고 보니 받아들이고 싶지 않았다. 동료들조차 위로라고 할 수 없을 만큼 안타까운 표정을 지었다. 위로받고 싶지 않았다. 아무도 나를 도와주는 사람은 없었다.

신설부서라 근무 환경은 열악했고, 업무 체계도 잡혀 있지 않았다. 게다가 서열상 막내 직원이라 챙겨야 할 업무가 한두 건이 아니었다.

'보고서 내용이 미흡해요, 얼룩진 바닥 닦고, 보고 자료는 복사해서 준비해요.' 쏟아지는 다양한 지시에 참을 수 없는 분노가 가슴속 깊이 쌓여만 갔다. 당장이라도 속마음을 쏟아내고 싶었다.

팀은 세 명의 직원으로 구성되어 있었다. 팀장은 승진 시험 때문에 팀 업무에는 신경도 쓰지 않았다. 그 외 모든 일은 고스란히 내 업무였다. 밀려드는 업무를 감당하기 벅찼다. 업무 조정을 요청했지만 계속 미루기만 했다.

처음 해보는 업무를 파악하는 데 시간이 걸렸다. 감사는 코앞이었고 주변에 도움받을 사람도 없었다. 절박한 마음에 근처 기관에 도움을 요청했다. 도움을 받을 수 있다는 승낙을 얻었을 때, 사막 한가운데 떨어진 곳에 구세주를 만난 듯했다.

초등학생 가르치듯 차근차근 배웠다. 업무에 열정을 다하는 담당자 모습에 감명받았다. 온 정성을 다해 일하는 분이 옆에 있다는 것이 행복할 정도로 일의 흥미와 재미를 알게 되었다. 5년 차 경력으로 이 많은 업무를 소화해 내는 게 쉽지 않다는 점을 인정해 주셨다. 그제야 우리 팀장도 인정하는 듯했다.

눈길 한번 주지 않던 팀장도 나를 경쟁 상대로 느껴진 것일까? 팀장은 내가 작성한 기획안을 찬찬히 보더니, 흡족한 미소와 함께 칭찬을 건넸다. 타 기관 상사의 아낌없는 도움 덕분에, 일할 맛이 나는 세상을 경험했다.

2년의 육아휴직을 마치고 출근을 했다. 출근길, 아이를 어린이집에 맡겨 놓고 나올 때마다 뒤가 당겼다. 아이 모습이 눈에 밟혔다. 흔히들 두 돌만 키워 놓으면 어린이집 갈 때는 엄마를 찾지 않을 거라는 말만 믿었다. 완벽한 착각이었다. 아이는 아침에 현관문을 나서는 그 순간을 정확히 알아챘다.

그때부터 아이는 갖은 핑계를 대며 배 아프다, 똥 마렵다는 말까지 서슴지 않았다. 아이의 말을 들어줄 시간이 없었다. 엄마 사무실 지각이야. 저녁에 과자 사 올게. 아이의 두려운 감정을 과자로 맞바꾸었다.

벽에 걸린 시간만 보며 동동거렸다. 결국 방바닥에 주저앉은 아이를 번쩍 업고 무조건 뛰었다. 아이는 가기 싫다며 내 얼굴을 할퀴고 눈물을 쏟아냈다. 겨울 날씨인데도 등짝에는 땀으로 흥건했다. 어린이집 원장이 아이를 다독이며, 데리고 들어가는 순간 오늘도 살았다.

안도와 함께 자동차 액셀러레이터를 세게 밟았다. 높이뛰기 선수가 장대에 걸리지 않으려고 온 힘을 다하듯, 단 1분이라도 늦고 싶지 않았다.

숨이 턱에 닿을 듯, 간신히 출근 시간 직전에 도착했다. 겨우 사무실 책상에 앉는 순간, 넋이 나간 듯 모니터만 바라보고 있었다. 띠링! 원장 선생님이 잊지 않고 놀고 있는 아이 사진을 보내주신 것이다. 잘 놀고 있는 모습을 확인 후에야 사무실 일이 눈에 들어왔다. 아이가 웃는 모습을 직접 보지 못하지만, 사진으로나마 위안을 얻었다. 누군가의 수고로 받은 사랑과 보살핌이 없었다면, 아마 다시 휴직했을지도 모른다.

모든 것이 막막해서 한 발짝 내디딜 힘조차 없다고 느꼈던 그때, 나를 도와준 사람들은 거창한 해결책을 제시하지도, 내 문제들을 대신 해결해 주지도 않았다.

그저 아무런 대가도 바라지 않고 묵묵히 내 이야기를 들어

주었을 뿐이다. 따뜻한 시선과 격려의 말은 삶이 힘들 때마다 제가 좌절하지 않고 앞으로 나아갈 수 있는 단단한 힘이 되어 주었다.

살아오면서 마주했던 수많은 선택의 순간과 위기 속에서 내가 얻은 깨달음은 혼자만의 힘이 아니었다. 주변의 소중한 사람들이 있었기에 가능했고, 도움 덕분에 어려움을 순조롭게 극복할 힘을 얻었다.

나 역시 받은 사랑과 도움을 나누어, 힘든 누군가에게 따뜻한 위로가 될 수 있는 '나를 도와준 사람'과 같은 존재가 되고 싶다.

> 감정 한 걸음 더

 훌륭한 부모란 무엇일까? 아이가 태어나기 전에는 좋은 교육을 통해 성공하게 만드는 것이라 여겼다. 하지만 부모가 되고 나서 알았다. 훌륭함은 아이의 성적이나 성공에 있지 않다는 것을.

 훌륭한 부모는 아이를 있는 그대로 사랑해 주는 사람이었다. 아이가 실수해도 비난하지 않고, 넘어져도 다시 일어설 용기를 주는 사람. 아이의 목소리에 귀 기울이고, 아이의 눈높이에서 세상을 함께 바라봐 주는 사람이었다.

 결국 훌륭한 부모는 완벽한 사람이 아니라, 아이와 함께 성장하는 사람이었다. 아이를 키우며 나의 부족함을 마주하고, 매일 더 나은 사람이 되기 위해 노력하는 사람이다. 나는 오늘도 훌륭한 부모가 되기 위해 노력하고, 이 길 위에서 아이와 함께 행복을 배운다.

제5장

살아있고
살아간다

생각을 글로 정리하면 머릿속이 개운해지는 이유가 있다. 쓰는 동안 계속해서 문장을 다듬고 형상화하기 쉬운 이미지로 변환하기 때문이다. 핵심은 쓰는 과정에 있다. 잘 정돈되어 종이 위에 놓인 결과물이 아니라, 단어를 하나씩 늘어놓으며 때로는 지우며 포기하지 않고 앞으로 밀고 나아가는 그 시간이 지닌 힘 말이다.

『어른의 문장력』, 김선영

1

아이와 함께하는 삶

청첩장을 돌린 후, 한참 연락이 뜸했던 동갑내기 여자 동료에게서 전화가 걸려 왔다. '네가 결혼을 한다고, 너를 누가 데려가 주는 거냐?' 놀라움을 감추지 못하며 장난 섞인 질문을 쏟아냈다. 그러더니 참석은 어렵겠다며 축의금은 인편으로 보낼게라는 말만 남기고 전화를 끊었다.

동료가 남긴 말의 의미를 찾느라 한참 몰두했다. 우리가 업무 외적으로도 가까웠다고 생각했던 건 나만의 착각이었는지 곱씹었다. 그 동료도 아직 결혼하지 않은 터라. 어쩌면 괜한 질투심에 그런 말을 뱉은 건 아닐까, 혼자 미루어 짐작했다. 동료에게 진심으로 결혼의 기쁨을 알려주고 싶었다.

좋은 사람 있으면 결혼해, 남들 다 하는 결혼 해보는 것도 그리 나쁘지 않은 일이라고.

누군가와 함께하는 삶이 주는 기쁨을 너도 같이 누려 보자고 말이다. 전달하지는 못했다.

마흔이 되자 '결혼'이라는 단어에 더 예민해졌다. '왜 아직 결혼은 못 했냐? 눈이 너무 높은 거 아니냐.' 하는 뻔한 질문들에 이젠 대답할 기운도 없었다.

결혼을 미루던 나였지만 더 이상 미룰 수 없겠다는 생각이 들었다. 마음을 고쳐먹고 결혼을 결심했지만, 문제는 주변에 마땅한 상대를 찾을 수 없었다는 점이었다. 그렇게 한참을 헤맨 끝에야 지금의 인연을 만날 수 있었다.

마흔이 넘어 아이를 낳은 것은 내게 큰 복이었다. 결혼을 잘했다는 확신이 든 것은 혜승이를 품에 안고부터다. 내게 생명의 소중함을 일깨워 주었다. 아이와 함께하는 삶을 구체적으로 꿈꿀 수 있게 해줬다. 이는 결혼이라는 울타리 안에서만 누릴 수 있는 기쁨이었다.

다카하마 마사노부의 『엄마를 미치게 하는 남자아이 키우는 법』에서 이 문장을 만났을 때 깊이 공감했다. "이것만은 누구에게도 지지 않는다고 생각하는 자신만의 특기를 1가지라도 익히게 하는 것이다." 아이를 키우면서 이 가치에 동의하지만, 실천이 어려웠다. 자신만의 특기를 찾아 주고 의욕을 불어넣어 줄 구체적인 방법이 궁금했다.

아이의 마음을 헤아리려다가 나의 어린 시절을 돌아보게 되었다. 떠올려보니 나 역시 혜승이와 다를 바 없었다. TV 보기 좋아했고, 학습지는 잔뜩 밀려 엄마에게 잔소리를 한 바가지 듣던 때였다. 아이의 모습은 그때의 나를 그대로 복사해 놓은 것만 같았다.

어쩜 이렇게 나를 닮았을까? 하필이면 좋은 점만 닮아주지 않고 말이다. 웃음이 나면서도 아쉬움이 드는 순간이었다.

공부에 흥미가 없는 아이라 혹시, 예체능 쪽에는 관심이 있을까 싶어 정보를 찾았다. 여섯 살 때부터 피아노를 배우게 했다. 혼자 집에 있는 시간을 줄이려고, 나는 퇴근 시간에 맞춰 아이에게 억지로 배우게 했다.

학원 선생님은 혜승이 성향을 파악하며 세심하게 챙겨 주려 애썼다. 수업을 진행할 때마다 쉬운 부분에서 어려운 부분을 넘어가는 고비를 넘기지 못했다. 그럴 때마다 다음 날은 학원을 빠졌다.

선생님의 평가는 할 때는 집중력이 좋지만, 어려운 부분이 나오면 박차고 나가는 힘이 약할 뿐이라고 했다. 그럼에도 선생님의 도움과 나의 다독임으로 피아노 과정까지 진도를 나갈 수 있었다. 음악을 통해 중학교 때 합주부 활동을 시켜보는데 어떻겠냐는 의견을 주셨다. 솔깃했다.

악기 하나 정도는 배워두면 분명 쓸모가 있을 것이라 여겼다. 그건 어디까지나 내 마음일 뿐이었다. 끈기가 부족했던 혜승이는 고비를 넘어서지 못했다. 적지 않은 시간을 보냈지만 배움은 뚜렷한 결실을 보지 못하고 멈추었다.

피아노도 흥미 유발의 도구로 활용되지 못했다. 아이가 가만히 놀고 있는 모습을 지켜보는 인내심이 부족했나 보다. 집이 좋다는 아이를 집 밖으로 불러내어, 무언가를 시도하기 위해서는 기발한 아이디어가 필요했다.

'남자아이는 운동 하나쯤은 해야 해. 뇌 발달에 좋다잖아.'라며 아이를 설득했다. 혜승이는 단번에 거부했다. 거짓말하지 말라며, '그래도 난 안 가. 태권도에 가면 무섭단 말이야. 관장님이 몽둥이를 들고 다녀.' 심지어 셔틀버스까지 불만이었다. 셔틀버스가 집으로 바로 안 오고 빙빙 둘러 와서 그 시간이 너무 아깝단 말이야. 그럼 넌 걸어서 오면 되지. 하루에도 열댓 번 실랑이를 벌인 끝에야 겨우 학원에 보낼 수 있었다.

'혜승이가 아직 학원 도착하지 않았는데 무슨 일 있는 건가요?' 학원에서 오는 메시지에 답장하느라 종일 분주했다. 이제는 아이에게 학원을 가라고 다그칠 기력마저 바닥났다. 학원에 보내기만 하면 자연스럽게 배움이 이루어질 거라 착각했다. 답답해하고 힘들어하는 아이의 모습을 보는 것만으로도 내 마음은 물에 젖은 솜처럼 축 처졌다.

사교육의 힘을 빌리지 않으면, 우리 아이만 낙오자가 되지 않을까에 대한 두려움이 가장 컸다. 하루에도 수십 번 나에게 억지로라도 학원에 보내야 한다고 말했다.

학원에서 매일 습관적으로 하는 일이 아이가 힘들더라도 해내는 힘을 기르는 방법이다. 그러니 어머니가 그걸 조금이라도 참고 아이를 다독이며 이끌어야 한다고 했다. 아이가 모든 것을 잘해야 한다는 착각 속에 있었다. 아이를 억지로 끌고 가는 일이 얼마나 힘든 일인지 온몸으로 경험하게 되었다. 매일 아이를 쫓아다니며 같은 말을 반복했다.

'오늘도 왜 학원 안 갔어?'라는 말 대신 '학교 친구와 재미있게 보냈니?' 먼저 물어보는 시간이 더 많았어야 했다.

조금씩이라도 해내는 힘을 기르기 위해서 책상 앞에 같이 앉았다. 매일 학습 분량을 소화해 내기 위해서 열을 올렸다. 공부할 때마다 내뱉는 목소리를 무시해야만 했다. 오늘 해야 할 일은 반드시 하도록 했다.

'내일 하면 안 돼. 아침에 일어나자마자 할게.' '안 돼, 오늘 꼭 해야 해. 오늘이 중요해.' 오늘 해야 할 일을 끝내야만 마음 편히 놀 수 있다는 걸 가르치고 싶었다.

오늘 꼭 해야 한다는 부모의 마음과 '내일 하면 안 되냐는 아이의 마음 사이에서 줄다리기하는 것처럼 지치는 순간이 있겠지만, 포기하지 않고 곁에서 끈기 있게 가르쳐주는 것만으로도 충분할 것 같다.

아이와 함께하는 삶이 중압감과 의무감으로 무겁게 느껴지던 날도 있었다. 셀 수 없이 눈물 흘린 시간도 있었다. 그 시간을 지나오며, 내 인생을 바라보는 시선이 점차 긍정적으로 변화했다.

'오늘도 해낼 줄 알았어, 대단하다'라는 나의 칭찬에 아이가 환하게 웃는 모습을 볼 때마다, 마음을 채우는 벅찬 감사함이 밀려왔다.

아이의 성장은 곧 나의 성장이었다. 아이와 함께하는 삶은 기쁨과 깨달음으로 가득 채워지고 있다.

2

엄마도 살고
아이도 사는 법

 '몇 점 받았어. 친구들은 너보다 잘했지. 이것도 여태껏 몰랐어. 몇 번이나 가르쳐 줬는데 또 틀렸어.' 조급하게 닦달하고 있었다. 1953년 예일대 졸업생 조사에서 목표를 글로 적은 3%가 나머지 97%보다 더 큰 성공을 거뒀다는 내용이 인상적이었다. 목표를 정하고 매일 집중하는 것이 중요하다는 것을 깨달았다. 아이도 말보다는 글의 힘을 빌려 삶의 기준을 마련하려 한다.

 혜승이는 나처럼 긴 터널을 지나며 살아가게 하고 싶지 않았다. 나는 육아와 직장을 병행하면서 앞날이 보이지 않는 불안함을 느꼈다. 혜승이 돌보느라 오십 이후 삶을 그려 본 적도 없었다. 모든 걸 다 잘해야 한다는 욕심을 좇았다. 아이도 잘 키우고, 직장에서의 승진도 놓칠 수 없었다. 혜승이 공부며, 운동이며 다 잘하기를 바랐다. 나의 과한 기대 때문에 혜승이가 혼자 고민하며 힘들어하지는 않았을까? 이 짐을 덜어내는 법을 알려주어야 했었다. 첫 단추를 잘못 끼우면 나머지 단추도 채워지지 않듯 중요하게 걸 놓치고 있었다.

친밀감 쌓기는 에베레스트산을 오르는 만큼 어려웠다. 아이의 마음을 들여다보기 위해 커다란 전지에 서로 불편했던 사항을 적었다. 글로 표현된 감정을 들여다보니 가슴이 뭉클했다. 그렇게 서로의 마음을 들여다보는 방법도 쌓였다.

혜승이가 5학년이 되면서 영어에 대한 두려움을 가지고 있다는 걸 알았다. 3학년부터 영어가 수업 과목이었기 때문이다. 집에서는 선행학습을 하지 않았다. 간단한 알파벳 하나 외운 적 없이 영어를 접했다. 그냥 수업을 따라가는 줄만 알았다.

나 역시 영어를 배운 건 중학교 때였다. 파닉스 정도는 혼자 배웠던 기억이 있다. 혜승이도 알파벳 정도는 알고 가겠지 싶어 내버려 뒀다. 친구의 실력을 보면 자극받겠지. 집에서 놀기 좋아하는 아이지만 예습과 복습의 개념을 알고 이해하리라 믿었다.

아이도 나도 다급하지 않았다. 시간이 해결해 줄 거라 믿었다. 시간이 흐를수록 오히려 영어가 어렵고 힘든 과목이 되어 버렸다. 문제는 4학년 때 기초 학력 진단 평가를 턱걸이로 통과하면서다. 집으로 가지고 온 성적표는 기준을 겨우 넘긴 점수였다. 썩 잘하지 않았지만 통과했다. 이 정도면 괜찮다는 생각이 들었던 게 문제였다.

혜승이도 수업을 따라가기가 힘들었던지, 어느날 불쑥 '엄마 나 영어 학원에 다녀야겠어.' 했다. 학원을 밥 먹듯이 빼먹던 아이가 스스로 학원에 가겠다고 하니 의외였다. 학원에 잘 다니던 아이가 안 가겠다는 말을 반복했기 때문이다. 아이 말에 또다시 신경을 쏟아야 한다는 생각에 숨이 막혔다. 마음속으로는 '정말 이번엔 끝까지 다닐 생각이 있는 거니?' 하고 되묻는 심정이었다.

집에서 엄마랑 하루에 한 단어씩 외우는 건 어때? 싫어. 친구들은 학원에 다닌단 말이야. 엄마가 학원을 안 보내준 거 아니잖아. 맨날 **빼** 먹은 거 너야. 그렇긴 하지. 수긍도 빨랐다. 스스로 가겠다고 했는데 또 안 가겠다고 하는 건 아닐까? 이번에는 꾸준히 다닐 거라 믿고 싶었다. 집에서 가까운 학원을 알아보았다. 아이의 수준에 맞게 학원을 찾기 쉽지 않았다. 영어의 기초 단계인 파닉스 수준을 하는 초등 고학년이 없었기 때문이다. 학원마다 등록을 꺼렸다. 이러다 혜승만이 영어에서 낙오자가 된 거 아닌지 가슴이 미어졌다. 상황을 빠르게 대처하지 못했다는 자책감이 나를 답답하게 만들었다.

다섯 군데나 되는 영어 학원을 찾아다녔다. 한 곳에서 받아 주겠다는 승낙을 받았을 때 대학 합격한 것보다 기뻤다. 혜승이는 진작 학원에 다녔으면 좋았을 텐데 하며 후회하는 모습을 보였다. 내가 알던 아이와 달라서 내 아이가 맞나 의심했다.

영어가 이렇게 재미있는 줄 몰랐어. 지금도 늦지 않았어. 하다가 포기만 하지 말아줘. 어려운 게 나오면 다시 보면 되고 반복하면 되는 거야. 걱정하지 말고 해보자고 서로 다짐했다. 학원 다닌 지 6개월째 하루도 빠지지 않고 다니고 있다. 하루도 빠지지 않으려고 애쓰며, 노력하는 아이를 바라보는 게 얼마 만인지. 인생이 별다른 것일까? 그저 조금씩 앞으로 나아가면 되는 것 아닐까.

영어 학원을 보내고 나니 숨을 돌릴 수 있었다. 퇴근 후 학습적인 부분을 챙기지 않아도 된다는 생각에 그동안 했던 고민이 사라진 걸까? 오랜만에 찾은 여유였다. 혜승이도 학원 수업을 들은 뒤 자신감이 붙었다. 혼자서 파닉스 수준의 문장을 중얼거렸다. 학원 원장도 아이 수준보다 한 단계 낮춰 쉬운 부분부터 시작하겠다 했다. '공부도 중요하지만 자신감 회복이 우선이에요.' 차근하게 단계를 올리며 진행하겠다는 계획을 설명했다. 세심하게 아이 성향을 알고 지도해 주는 따뜻한 배려에 마음이 놓였다.

학원에 가기 싫어하는 아이와 억지로 보내려고 하는 엄마. 대립 속에서 서로 불편하고 야속한 생각만 커졌다. 퇴근 후 매일 아이를 보면서 건네는 첫마디 늘 같았다. 오늘 학원 갔다 왔어? 이 말을 화내지 않고 자연스럽게 받아 주는 아이 반응에 내 마음속 응어리가 사라졌다. 아이가 편안하게 학습하고 노는 모습을 바라보는 것만으로도 좋다. 아이를 여유롭게 바라보는 법을 배우고 있다. 아이도 엄마도 각자 잘 살아가는 방법을 찾아가고 있는 건 아닐까.

혜승이가 나도 해낼 수 있는 사람이라는 걸 알았으면 좋겠다. 이만큼이라도 해냈다는 느낌이 쌓이는 시간이 필요하리라 믿는다.

엄마도 살고 아이도 사는 법은 바로 사랑의 힘에 있다고 믿는다. 그 사랑은 어떤 목표를 마주하든, 끝까지 포기하지 않고 해내는 원동력이 되어 줄 것이다.

차가운 가을바람이 불고 추운 겨울이 지나 따뜻한 봄이 올 즈음이면, 서로 말하지 않아도 각자의 자리에서 묵묵히 성장하고 있을 것이다.

이러한 기다림 속에서, 같은 방향을 향해 걸어가는 우리만의 깊은 신뢰와 공통 분모가 단단하게 만들어지리라 확신한다.

3

마음을 나누면
가벼워지는 감정의 짐

   어린이 법회에 참석한 아이를 기다렸다. 잠깐 여유를 부릴 수 있는 시간이기도 했다. 짧은 시간 속에 아이 미래에 대한 상상을 머릿속으로 그리고 있던 때다. '어머니들 나오세요.' 하는 큰 소리에 깜짝 놀라 의자에서 벌떡 일어나 주위를 두리번거렸다.

   벚꽃이 떨어지는 나무 아래 차와 과일 준비되어 있었다. 절 옆 도로변에 준비되어 있었다. 한적한 장소라 누군가의 눈치를 보지 않아도 될 만큼 조용했다. 보도블록 사이와 사이에 틈이 갈라졌다. 발이 걸려 넘어질 수 있는 곳이었다. 매끈하지 않아 경사도 있어 다과 장소로는 적합하지 않다고 생각했다.

   정갈하게 마련된 모습에 감동 자체였다. 생각지도 못한 장소가 다과 장소로 마련된 모습이 의외였다. 생각을 바꾸면 마음도 열렸다. 무리가 있을 것 같은 일이라도 누군가의 손길에 힘입어 아름다운 공간으로 변했다.

  소문난 멋진 카페보다 더 아늑한 공간으로 바뀌었다. 어린이 법회를 주관하는 절에서 부모의 힐링 시간을 마련해 주었다. 테이블보를 펼치기 전 하얀 면포를 먼저 깔고 다시 위에 테이블보가 세팅되어 있었다. 그 위에는 도자기 찻잔과, 투명한 유리 주전자, 작은 도자기에는 수제로 만든 금가루 뿌린 금귤 정과와 오색 송편이 먹음직스럽게 놓였다. 차를 대접할 때 예의라 하였다.

  투명한 유리 주전자 속에는 말린 국화잎이 따뜻한 물을 머금었다. 직접 꽃꽂이 해온 예쁜 꽃병들이 중간에 놓여 눈의 즐거움을 함께 할 수 있었다. 진행 내내 눈이 호강했다. 잠시 다른 세상에서 와 있는 듯했다. 파티에 초대받은 것처럼 설레고 들떴다. 다도를 진행하는 분 또한 인자한 표정과 말투로 맞아주었다. 처음 만난 분이었지만 대화는 편안했고, 그 과정에서 감정이 순화되었다.

  다도에 대한 깊이 있는 이야기를 나누었다. 평소 접할 기회가 많지 않았다. 차의 효능, 건강교육, 차 이야기를 통해서 놓치고 있는 부분을 챙겨보는 기회였다. 차가 주는 향기를 맡을 수 있었다. 향에 잠시 심신이 편안해지면서 세상 고민을 내려놓았다. 진행자 한 분이 다도 예절을 통해 인내심이 생기고 산만한 아이들도 좋아진다고 했다. 아이들도 차를 마셔도 된다는 말에 귀가 솔깃했다. 산만한 아이도 조용해진다는 말에 마음은 마트로 향하고 있었다.

집중하지 못하는 아이는 어떤 차를 마시게 하면 좋을까요? 아이가 집중 못 한다고 해서 걱정하지 말라 말해 준다. 요즘 ADHD라는 말을 많이 쓰는데 예전에는 그런 용어는 들어보지 못했다며, 큰 의미를 두지 말라 했다. 아이를 믿고 기다려 보라는 충고 해준다.

내 아이를 의심하지 말고 무조건 믿으면 된다며, 엄마의 그릇됨을 나무랐다. 당신 아들은 고등학교 때 학교 가지 않고 오토바이만 탔다 한다. 클립 하나로 오토바이를 훔치는 짓도, 다양한 사건 사고 건수도 많았다는 말을 들으니, 내 고민거리에 비하면 아무것도 아니었다. 내가 겪은 것보다 훨씬 더 힘든 시간을 보냈음을 알았다. 지금은 대기업에 다니고 있다고 자랑스럽게 여기는 모습에 내 선택에 대한 믿음이 생겼다. 학원에 보내지 않아 불안해하기보다, 아이를 한 걸음 뒤에서 지켜보기로 했다.

며느리도 부모를 잘 섬기고 착하다며 요즘 며느리 중에 부모 생일상 차리는 며느리가 몇이나 되냐고. 며느리가 잘하니 나도 김치도 담가 주고, 손주도 봐주지. '내가 사랑하는 아들이기 때문에 무엇을 해도 믿어줘야 한다'는 말에 눈물이 흘렀다.

다른 한 분 역시 지지 않으려 목소리를 높였다. 제게 손짓하며 자신의 이야기에 귀 기울이라 했다.

나이 일흔에, 남편이 술에 취해 곯아떨어져 들어온 다음 날도. 밥상을 코앞까지 밥상을 차려주고 늦게 들어와도 잔소리 한번 하지 않았다고 한다. 설마요. 아니 정말 남편을 존중해줘야 해. 그래야 서로 아껴주는 마음이 생겨. 한 사람이라도 참지 않으면 가정은 흔들려. 시간이 지날수록 남편도 아내 마음을 알게 되면서, 지금은 부엌 출입 한번 하지 않던 사람이 설거지를 매일 해준다는 거다. 환한 미소가 저절로 떠오르고, 인생의 보람을 느끼는 행복한 순간이 찾아올 거라 했다. 남편이 정 밉고 밥 차려주기 싫을 때 황탯국이라도 끓여 밥상을 차려줘. 황태가 영양 많은 국이잖아. 아내 정성이 전달될 거라며 다독여 주었다. 지어내신 말이 아닌가?

　나와 한참 세대 차이가 났지만, 그만큼 삶의 연륜이 깊어 생각이 남달랐다. 나도 저렇게 해볼 수 있을까. 우리 부부에게도 통할까. 의문만 들었다. 사람마다 성향이 다를 텐데 말이다.

　남편과 다툼에서 이기려고 애쓴 생각밖에 없었다. 이기고 지는 것에 집중했다. 지고 싶지 않았다. 내가 잘못한 게 없는데. 왜 나만 참아야 해. 복수심과 적개심이 불타오른 전날 감정은 어디로 갔는지.

　다음날, 밥상을 차렸다. 지금 내 정신이 제대로 박힌 건가? 어제 그렇게 열이 나서 난리를 쳤는데 밥을 차려주고 있다니. 남편은 고마워하기는커녕 차린 밥상을 외면한 채 출근했고, 뒷모습에 가슴을 쳤다.

　'쓸데없는 짓 했네. 먹지 마라. 배가 고파봐야 내 마음 알지.' 남편 뒤통수가 가려울 정도로 혼잣말을 한참 했다.

　누군가 툭 던진 질문에 대한 답이 때로는 정답처럼 다가온 이유는 무엇일까? 남편이 밥을 먹지 않았다고 해도 내가 차린 밥상에 담긴 정성만큼은 분명 눈에 담았을 거라는 믿음 때문인지도 모른다.

언젠가는 내 마음 온전히 알아주는 날 오리라는 희망이 있기 때문이다.

감정을 나눌수록 작아지고, 속에만 담아 두면 무거워진다는 말이 옳았다. 털어놓지 못했던 감정들이 마음을 짓누르는 짐이 되었다.

다른 사람의 삶에서 얻은 귀한 지혜를 듣고서야 중요한 진리를 알았다. 남편의 태도나 외부 환경보다, 내 마음의 평화를 우선시해야 한다는 것을.

따뜻한 차 한 잔과 함께 감정을 나누는 온화하고 행복한 분위기 속에서, 또 다른 인생의 깊이를 배웠다. 남편이 밥상을 외면했을지라도, 나는 마음속으로 봄날의 꽃향기를 만끽하며 감정의 짐을 가볍게 내려놓았다. 마음을 나눈 후, 감정의 짐이 사라진 홀가분함. 가벼움이 나에게 삶의 활력을 되찾아 주었다.

4

일상 속 발견하는
아이의 작은 기적

 새벽이 주는 선물 같은 시간이 얼마나 소중한지 몰랐다. 초저녁잠이 많았던 덕분에, 일찍 잠자리에 들고 새벽에 일어나는 건 어렵지 않았다. 일어났다는 사실만으로 뿌듯했다.

 고요한 새벽을 잡념으로 허투루 보냈다. 어제 있었던 일들이 떠올랐다. 그 생각은 꼬리에 꼬리를 물고 끝없이 이어지며 소중한 시간을 갉아먹었다.

 새롭게 뭔가 시작할 마음도 들지 않았다. 아이의 미래에 대한 염려와 걱정으로 시간만 흘려보냈다. 눈만 뜨면 먼저 떠오르는 건 일상 속 크고 작은 일들이었고, 부정적인 생각에 사로잡혀 시간을 허비했다. 일상 속 시간에 쫓겨 하루를 보냈다. 모든 일을 급하고 다급하게 처리했지만, 결과는 늘 제자리걸음이었다. 도대체 무엇 때문에 이 상태를 오랫동안 벗어나지 못하는지, 이유를 찾고 싶었다. 남의 시선을 신경 쓰느라 많은 시간을 허비했다. 복잡한 세상과 잠시 대화를 멈추고 아이 말에만 귀 기울이고 싶다.

지긋지긋한 폭염이 물러나고 있다. 하늘이 높아지는 계절 가을. 결혼 전 시원한 마룻바닥에 누워 가을 하늘을 바라보는 것만으로 좋았다. 아이를 키우면서 바닥에 앉을 틈 없었다. 항상 쫓기듯 분주하게 움직여 의자에 엉덩이를 붙일 새도 없이 하루가 흘렀다. 날씨의 변화에 신경 쓸 틈이 없었다.

마음속 욕심이 여유를 빼앗아 갔다. 욕심을 덜어낸다면 여유를 찾을 수 있을지도 모르겠다. 잡다한 생각을 끊는 것이 욕심을 버리는 첫걸음인지 모른다.

일어나는 생각을 멈추는 방법 1가지 찾았다. 애니메이션 영화였다. 친구에게서 추천받은 애니메이션 영화를 보며 새로운 세계에 입문했다. 어린 시절 일요일 아침 애니메이션을 접했던 그때처럼 가슴이 설렜다.

차별과 편견에 대한 극복을 통해, 자신의 단점을 받아들이는 과정을 담은 영화 〈주토피아〉를 봤다. 해피엔딩으로 끝나는 이야기에 주인공이 된 것 같았다. 혜승이와 함께 열 번은 넘게 반복해 보았다. 작은 토끼가 경찰관이라는 꿈을 이루기 위해 남들이 뭐라 해도 끝까지 해낸 이야기다. 너도 할 수 있어. I CAN DO IT.

지금은 게임에 빠져 있지만, 언젠가는 책을 좋아하는 아이로 돌아올 것이라 믿는다. 책과 영화 속에서 혜승이와 함께 답을 찾아가는 이 과정이 실패를 두려워하지 않는 힘이 될 것이다. 우리는 시간이 날 때마다 대형 스크린 공간이 마련된 극장을 찾는다. 팝콘과 콜라를 먹으며, 책으로 배우지 못했던 값진 인생 경험을 쌓았다.

클래식 음악 듣고 자란 아이는 감성이 풍부해진다는 뉴스 보도에 솔깃했다. 그날부터 아이가 잠에서 깰 때나 잠자리에 들기 전, 낮은 소리로 클래식 음악을 틀어주었다. 소리가 들릴 듯 말 듯한데도 아이는 틀지 말라고 한다. '잠결인데도 들리나 보네.' 생각하며 계속 음악을 틀었다. 몇 번이고 켜고 끄기를 반복하자 나도 지쳤다. 음악에도 관심이 없는 듯하여 더 이상 강요하지 않기로 했다. 듣기만 해도 괜찮은데 그것마저 싫다고 하니. 내가 너무 조급했던 걸까. 어쩌면 좋은 것을 주려는 내 마음이 아이에게는 또 하나의 짐처럼 느껴졌을 것이다. 부모의 욕심을 내려놓는 일이 그 무엇보다 어려웠다.

혜승인 야구와 축구에 열정을 보였다. 특히 야구 선수가 되겠다는 꿈을 이야기할 때는 나도 마음이 움직였지만, 운동선수는 건강한 체력과 꾸준한 관리가 필수라는 현실을 아이에게 차분히 설명했다. 걱정보다는 아이의 미래를 위한 현실적인 조언을 건넸다.

마음을 접는데 1년 넘게 걸렸다. 하루에도 혜승이 변덕이 죽 끓듯 하는 모습에 한숨이 나왔다. 자기의 적성과 관심이 무엇인가를 모른다면, 내가 찾아 주고 싶었다.

가람 어린이 청소년합창단에 가입시켰다. 혜승이에게 먼저 상의했으나 대답은 단호했다. 무조건 안 해. 해야 하는 이유를 설명했다. 단체 활동을 통해서 견디는 힘을 배우길 바랐다. 노래도 부르며 친구들과 자연스러운 관계를 형성했으면 했다.

합창단의 장점은 형, 누나와 어울리고 또래 친구들도 만날 수 있다는 점이었다. 하기 싫은 일이라도 끈기 있게 하면, 결국 그 과정에서 흥미를 발견할 수 있다는 점을 아이에게 가르쳐주고 싶었다. 하지만 주말 시간을 할애해야 한다는 것이 큰 걸림돌이었다.

억지로 합창단에 들어갔고, 처음에는 부르고 싶지 않은 노래를 마지못해 불렀다. 일부러 음정 박자를 놓치기도 했다.

아이는 달라졌다. 가기 전까지는 하기 싫어했지만, 이제는 해봤더니 재미있다고 말한다. 활동을 마치고 돌아올 때마다 '나, 대단한 것 같아.'라며 성취에 뿌듯해하는 모습을 보였다.

10월 통도사 합창제에 참가했다. 참가자 중 유일한 어린이 청소년합창단이었다. 파란색 한복을 입고 무대 위에서 열심히 노래 부르는 아이의 모습을 보며, 장면을 잊지 않으려 마음속 카메라에 담았다.

초청 테너 가수의 마지막 곡을 함께 부르며 최선을 다하는 아이의 모습에 박수를 보냈다. 격려와 응원 속에 아이도 엄마도 같이 크고 있었다.

거창한 여행보다 혜승이와 가까이에서 함께할 방법을 고민했다. 아파트 작은 도서관에서 사서 봉사를 시작했다. 일곱 명의 무보수 봉사자가 월요일과 수요일 순번을 정해 도서관을 운영하고 있었다. 혜승이와 나는 매주 수요일 저녁 두 시간을 함께하기로 약속했다.

7년을 살면서도 작은 도서관을 이용해 본 적 없었다. 휴가를 내고 우연히 도서관에 들렀던 날, 문을 열자마자 느껴지는 책 냄새가 좋았다. 내가 사는 공간 속 작은 도서관이 주는 따뜻함이 날 맞아주었다. 많은 책을 가까이에 두고 읽을 수 있다는 희망에 부풀었다.

그때서야 도서관 운영이 순전히 봉사로 이루어지고 있다는 사실을 처음 알게 되었다. 감사한 마음에 바로, 다음날 봉사를 신청했다. 반납된 책들을 분류하고 서가에 책을 꽂는 일이었다. 옆에서 도와주던 혜승이는 어떤 책이 재미있는지, 나보다 더 잘 아는 것 같았다.

매주 수요일 저녁은 혜승이와 함께하는 봉사로 내 삶의 새로운 활력소가 되었다. 몸이 피곤하거나 다른 일정이 있어 봉사하러 가기 힘든 날도 있었다. 도서관에서 단순히 책을 정리하고 대여해 주는 일을 넘어, 혜승이와 함께하는 시간이 소중했기 때문에 빠질 수 없었다.

친구들과 화음을 맞추는 과정에서, 혜승이는 자신의 작은 실수가 주변 사람들에게 얼마나 큰 영향력을 미치는지 배웠다. 아이는 책임감을 느끼며 노래 가사를 외우고 연습하는 노력을 기울였다.

　나도 아이에게 힘이 되어 주고자 함께 가사를 외웠다. 이토록 열심히 노래를 익힌 적은 없었다. 아이와 함께 서로 변화하고 성장하는 소중한 과정이었다.

　아이 덕분에 내 삶에도 새로운 길이 열렸다. 문득 성인 합창단에 참가해 보고 싶다는 새로운 꿈까지 꾸게 되었다. 일상 속 발견하는 아이의 작은 기적처럼, 아이와 함께하는 시간 덕분에 엄마의 삶은 풍요롭고 행복해지고 있다.

5

지금이 가장
아름다운 순간

지능검사를 다시 해야 할까? 아니야 수치에 신경 쓰지 말자. 머릿속에 계속 맴돌았다. 오락가락하며 결정을 내리지 못했다. 정확한 근거자료는 있어야 한다는 생각이 들었다. 심리센터에서 불안한 감정을 조절하는 법을 배우고 있었다. 지능과 ADHD 검사를 권유했다. 검사를 하려면 한 달 전부터 컨디션 조절하고, 여행도 자제하라는 조언을 들었다. 유치원생도 아닌데 예민하게 준비해야 하는 건가 싶었다. 검사 절차를 지키며 하는 이유가 더 나은 결과를 얻기 위해서였다.

그냥 잘 자라주면 좋으련만, 받아들이기 쉽지 않았다. 이유를 알 수 없어 온갖 생각이 머릿속을 떠나지 않았다. 생각을 멈추려 해도 또다시 빠져드는 내 모습이 보였다. 검사 결과에 대한 두려움 때문에 선뜻 결정하지 못했다. 검사비도 만만치 않았다. 학원을 두 달을 보낼 수 있는 비용이었다.

당장은 신체적, 정신적으로 큰 고통을 겪는 것은 아니었다. 느긋하게 생각하면 될 일이었다. 지금, 이 순간 집중하기 어려웠다.

유아기에 필요한 자극과 반응의 시기를 놓친 건지. 남편과 불꽃 튈 정도로 다투는 일이 잦았다. 아이와 신나게 놀아주는 시기에 많은 시간을 할애하지 못했다. 나만 바라보는 아이와 남편 눈빛을 마주할 때마다 가슴이 꽉 막히는 시간을 보냈던 시기였다. 산후 우울증이 있었던 것 같다.

다람쥐 쳇바퀴 도는 듯한 느낌이었다. 반복되는 생활에 지쳐갔다. 외딴섬에 홀로 남겨진 듯한 공허함이 크게 자리 잡혔다. 극복하기 위해 운동도 시도했으나, 출산 후 불어난 체중 탓에 무릎이 아파 일주일을 채 이어가지 못했다. 단, 1시간이라도 혼자만의 시간을 갖고 싶다는 생각뿐이었다.

유일한 낙은 군것질이었다. 단맛이 주는 달콤함에 빠져 살았다. 잠시나마 무거운 눈꺼풀을 들어 올려주었다. 순간적인 에너지를 얻었다. 오래가지 못했다. 아이를 혼자 놀게 두었다. 그냥 노는 것만 지켜볼 뿐. 온전히 몸으로 놀아주는 일이 버거웠다.

유치원 공개 수업에 참석했다. 시청각 수업이 진행되는 동안 아이 친구들은 소리에 맞춰 손뼉을 치거나 대답했지만, 아이는 큰 반응 없이 있었다. 수업 시간에 화장실을 자주 드나들던 아이는 영어 전담 선생님께 혼이 났다. 공부가 무섭다는 말을 밥 먹듯이 했다. 낯선 것에 대한 경계, 긴장, 두려움. 모든 변화를 받아들이기 쉽지 않다는 생각만 했다. 해결책을 찾을 생각조차 하지 않았다. 멍하니 아이만 바라보며 걱정만 했다.

아이가 일곱 살 때 눈을 깜빡이는 증상으로 심리센터를 찾았다. 매주 데리고 다녀야 했다. 나의 퇴근 시간과 겹쳐 시간을 내기 힘들었다. 치료받아야 하는 시간도 길었고 상담 비용도 만만치 않았다. 수업받는다고 좋아지면 얼마나 좋아지겠냐는 마음이 자주 동했다.

센터장은 비용 부담을 덜기 위해 지원금 신청을 권유했다. 지원금 신청을 하기 위해서는 지능검사가 포함된 전반적인 검사 자료를 제출해야 했다. 반신반의하며 지능검사를 받게 되었다. 평소 집중력이 부족한 아이에게 2시간 검사는 길었다. 검사 중인 모습을 창문 너머로 지켜보았다. 의자에 앉아 있는 아이는 금세 흥미를 잃은 듯 보였다. 선생님에게 언제 끝나냐고 물으며 초조해 보였다. 결과는 예상 밖이었다. 선생님은 인지치료와 미술 심리 수업을 권유했다. 당장 눈에 보이는 성과는 없더라도 꾸준하게 진행되어야 했다.

솔직히 나는 수업을 받아야 할 이유를 찾지 못했다. 과정을 꾸준히 이끌어 갈 자신도 없었다. 그저 도망치고 싶었다. 집으로 돌아오는 길에 참았던 눈물이 터졌다. 길을 지나가던 사람들이 이상한 듯 쳐다보아도 남의 시선에 신경 쓸 겨를조차 없었다.

몇 회 수업만 받고 중단했다. 가슴 한편에서 뜨거운 열감이 올라왔다. 매주 다가오는 수업이 부담스러웠다. 며칠 전부터 일정이 온통 머릿속을 차지했다. 직장 업무와 겹치는 날이면 잊어버린 날도 있었다. 급하게 전화해서 일정을 변경하는 날이 잦았다. 피해를 주는 것 같아 마음이 무거웠다. 그런 감정들이 쌓이면서 사소한 일에도 예민하고 신경질이 늘었다. 어릴 때부터 챙겨야 할 놀이, 체험, 학습적인 부분을 챙기지 못했다는 죄책감에 눌렸다.

〈금쪽같은 내 새끼〉 프로그램을 통해 지금 겪고 있는 비슷한 사례를 접했다. 느린 아이와 조급한 엄마에 관한 이야기였다. 마치 내 이야기 같아 가슴 졸이며 영상을 시청했다. 그러다 화면 속 사례에서 나와 다른 점이 나오면 다행이라며 안도했다. 금쪽이의 배변에 관한 이야기를 나누던 중, 남편은 아내에게 "공부와 관련해서도 그렇고, 자기가 원하는 대로 안 되면 애한테 화부터 내지 않느냐"고 꼬집었다.

금쪽이를 주도적으로 키우고 싶어 하는 남편의 태도에 아내는 서운함을 감추지 못했다. 아내는 높은 목소리로 반박했다. 아이를 둘러싼 현실을 외면하는 남편과 모든 무게를 짊어진 아내의 서운함이 대화에 고스란히 묻어났다.

오은영 박사는 "제일 중요하게 다뤄야 하는 주제를 잘 이해하셔야 할 것 같다며, 금쪽이한테 필요한 건 선행이 아니라 발달에 구멍이 난 부분, 흔들리는 부분을 메꿔줘야 한다. 엄마가 노력하는 건 알지만 똘똘한 아이 사교육을 하는 느낌이다. 금쪽이는 평생 살아가는 데 토대가 되는 발달의 불균형이 있다. 기초 공사가 안 된 상태에서 달리기하는 것 같다."라고 하며 금쪽이에게 필요한 것이 무엇인지 생각 정리가 필요하다고 조언했다. (참고: <금쪽같은 내 새끼>, 채널A)

당장 혜승이에게 필요한 것은 억지로 끌어올리는 학습 성취가 아니었다. 오히려 자신감을 느끼게 하고 '이렇게 하면 되는구나'라는 성공 경험을 거듭할 수 있도록 옆에서 든든하게 도와주는 일이었다.

성과를 내야 한다는 조급함으로 가득했던 엄마의 육아 방식은 느린 아이에게 결코 통할 리 없었다. 아이의 속도에 맞춰 함께 나아가기 위해서는 느긋하게 기다려 주는 엄마의 역할이 절실했다.

더 이상 사랑이라는 이름으로 아이를 속박하는 엄마가 되고 싶지 않았다. 아이가 성인이 되어서도 혼자 힘으로 굳건히 설 수 있도록, 뒤에서 응원하며 든든한 기둥이 되어 주는 엄마로 남고자 한다.

아이를 다그치는 대신, 아이의 속도를 인정하고 함께 발맞추는 지금, 이 순간이 우리에게 가장 소중하고 아름다운 시간인 것을 알아차렸다.

6

서툴지만 소중한 시간

 아들이 한 명인 분 손 들어 보세요. 고생하십니다. 박수 쳐 주세요. 다음 두 명인 분. 정말 고생하십니다. 더 큰 박수 부탁드립니다. 세 명인 분은요. 오우, 두 분이나 계시네요. 백번 박수 쳐 주세요. 대단한 분들입니다. 최민준 작가의 강연 오프닝이었다. 남자아이 키우는 엄마들에게 보내는 따뜻한 위로였다. 처음 만난 작가였지만 그의 말 한마디 한마디가 귀에 쏙쏙 박혔다. 가정통신문을 통해 강연 소식을 접했다.
 강연 시간 동안 결혼은 하셨을까? 하는 의문이 들었다. 외모로 보아서는 미혼 같았고, 차분한 말투와 친근한 인상이 돋보였다. 그런 분이 아들을 키우는 엄마의 마음을 어떻게 알았을까? 내 속을 들여다보는 것 같았다. 누군가 내 고생을 알아준다는 사실 하나만으로 마음이 몽글몽글해졌다. 그때부터였다. 작가와의 만남이 주는 에너지를 받아 아들을 이해해 보려 노력했다.

2018년 강의를 들었을 때 작가는 이미 결혼해 딸을 키우는 아빠였다. 어릴 때부터 여장부 같은 엄마 밑에서 자랐다고 했다. 씩씩하고 단호한 엄마였지만 친근감보다는 조금 무섭게 느껴졌다고 한다. 그런 엄마를 떠올리며 말했다. '엄마도 여자잖아요. 남자인 아들의 심정을 헤아리려면 시간이 필요하지 않았을까요?' 어른이 되고 나니 알게 되었다고 한다.

대교 학습지 인터뷰에서 작가는 엄마가 아들을 이해하는 것은 쉽지 않아요. 남자와 여자는 사고방식이 다르거든요. 내가 낳았지만 내 마음처럼 되지 않아요. 남자아이들은 자립심을 느낄 때 자존감이 높아지는데, 엄마는 아이를 통제하려고 하니 마찰이 일어날 수밖에 없다. 라는 작가의 말에 순간 머리가 띵했다.

이거였구나. 문제를 해결하려고 애쓰면서도 원천적인 원인을 놓치고 있었다.

작가가 한 말 중에 씩씩하고 단호한 엄마여서 무서웠다는 말에 우리 아들도 그렇게 느끼고 있진 않을까? 아들을 키우는 엄마들에게 덜 힘들도록 구체적인 방법을 제시해 돕고 싶다고 했다. 실질적인 몇 가지 기술을 전해주고 싶다는 말을 들으니, 마음이 가벼워졌다. 작가는 딸만 키우는 아빠였다. 지식이 풍부한 부모 밑에서 태어났다면 얼마나 좋았을까? 목적지를 몰라 길을 잃고 헤매는 일도 없었을 텐데. 전에는 자녀 교육 강연을 찾아 듣는 사람이 아니었다. 이 강연을 기점으로 아들의 일상을 세심히 챙겨보게 되었다.

영어 학부모동아리 활동과 맞물렸다. 과제를 한 달에 한 번 제출해야 했다. 과제를 제출하지 않으면 동아리 활동을 유지할 수 없었다. 부끄럽지 않기 위해 제출하고 싶었다. 학창 시절 공부는 잘하진 못했지만, 선생님 말씀을 잘 듣는 학생처럼은 되고 싶었다. 수업에 성실히 참여하는 것이 선생님에 대한 예의라 여겼다.

첫 번째 과제는 활동 목적과 목표 작성이었다. 얼핏 보면, 간단하게 보였지만 막상 쓰려니 한 번도 생각하지 않는 주제에 막막했고 목적과 목표에 대한 정의도 명확하게 모르고 있었다. 목표 내용을 목적처럼 쓰고, 목적 내용은 목표처럼 뒤섞어 작성했다.

피드백 덕분에 다시 한번 깊이 생각할 기회를 얻었다. 하지만 며칠을 고민해도 구체적인 목적과 목표가 명확해지지 않고 시간만 흘렀다.

두 달 뒤, 두 번째 과제로 아이의 일상을 기록하는 과제였다. 육아일기도 써본 적 없는데. 바쁜 와중에 사소한 것까지 챙겨야 하나 귀찮았다. 차라리 하지 말까? 글을 써본 경험이 없었다. 도대체 어떻게 써야 할지? 난감하기만 했다. 과제는 순서대로 제출해야 했기 때문에 두 번째 과제를 건너뛸 수 없었다.

6학년 때 도형 넓이를 구하지 못해 쩔쩔맸던 기억이 떠올랐다. 그때처럼 지금도 머릿속은 온통 답을 모르는 도형으로 가득하다. '오늘은 뭘 쓰지? 어떻게 쓰지?' 밥 먹고, 학교 가는 게 전부인 아이의 일상을 어떻게 이야기로 풀어내야 그저 막막했다.

홈페이지 게시판에 올라온 다른 회원들의 예시를 보면서 감을 잡기 시작했다. 감만 잡았다고 해서 술술 써지는 건 아니었다. 하루를 건너뛰면 전날 있었던 일이 희미해졌고 일주일 넘게 손을 놓아버린 적도 있었다. 죄책감이 밀려와 다시 몇 줄이라도 적어보려 애썼다. 그렇게 3개월을 반복했다. 볼펜으로 눌러쓰는 시간 속에 익숙해졌는지 빠지지 않고 쓰는 날이 많아졌다. 글쓰기 근력이 병아리 눈물만큼씩 쌓이고 있었다.

아들의 일상을 기록하면서 내 모습이 보였다. 내가 아이에게 모질게 굴었구나. 상처 주는 말을 했고, 숨을 막히게 했고, 아이보다 내 감정에만 집중하고 있었다. 아이를 관찰하면서 비로소 내 모습을 마주했다. 내 삶에 글쓰기는 아들의 일상을 기록하는 것에서 시작되었다. 아이가 어떤 생각을 하는지, 어떤 감정을 느끼는지 찬찬히 들여다보게 되었다. 아침에 눈을 뜨는 순간부터 잠들기까지 일상을 놓치지 않으려 했다. 남들이 보면 보잘것없어 보일지도 모른다. 나에게는 깊은 바닷속 숨겨진 보물 상자를 발견하는 순간들이었다. 지금은 아이와 나눈 대화까지 놓치고 싶지 않다. 오늘도 기록한다.

기록하면서 3가지 값진 것을 얻었다. 첫째, 아이와 관계가 돈독해지면서 자연스레 타인을 바라보는 관점이 달라졌다. 둘째, 글쓰기에 자신감이 붙었다. 첫 문장부터 막혀 다음 줄 잇기가 답답했던 글쓰기가 이제는 친숙하고 가깝게 다가왔다. 셋째, 주변의 사람과 사물을 무심히 지나치지 않고, 그 속에 의미를 부여하는 생각의 깊이가 깊어졌다.

  기록하는 습관 덕분에 하루의 시간을 허투루 쓰지 않게 되었고, 일상을 계획적으로 관리하는 힘이 만들어졌다.

  이제 더 이상 '학원 갔느냐'는 잔소리 대신 '오늘 학교에서 공부하느라 힘들었겠구나!' 하고 아이의 하루에 진심으로 공감하는 말을 건네려 한다. 아이의 일상에 집중하는 엄마가 되어가는 중이다.

  강원국 작가님의 말씀처럼 '모든 순간은 지나간다. 기억으로 남을 뿐이다.' 나 역시 이 소중한 순간들을 잊지 않기 위해 기록으로 남기자고 다짐하며 아이의 일상을 기록하고 있다.

  서툴지만 소중한 시간. 이 기록들이 쌓여 우리의 가장 아름다운 기억이 될 것이다.

7

기회를 기다리자

　SNS를 처음 사용하게 된 건 글쓰기 챌린지에 참여하면서 였다. 매일 글을 쓰고 인증을 위해 결과를 온라인 사이트에 올려야 했다. 가상공간에서 내가 쓴 글을 공개한다는 것도 처음에 부담이 뒤따랐다. 누군가 내 글을 본다는 사실만으로 부끄러웠다. 인스타그램은 짧은 글을 사진과 함께 올릴 수 있어, 부담이 적었다. 그에 비해 블로그는 멋진 글과 흥미로운 소재로 꾸며진 게시글들을 보면서 나도 저렇게 써보고 싶다는 욕심이 생겼다. 그렇게 한 달에 한 번, 일주일에 한 번씩 글을 올리면서 글쓰기에 관심이 갔다. "나는 자주 걱정과 후회의 감정을 쓴다." 강원국 작가의 말은 곧 내 이야기였다. 나는 일어나지도 않을 일을 미리 끌어와 걱정하며 스스로 삶의 무게를 더하고 있는 게 분명 했다. 매일 쌀가마니를 어깨에 짊어지고 다니는 듯 무거웠다. 무게조차 의식하지 못한 채, 이대로 가다가는 오래 버티기 힘들겠다는 생각만 품고 있었다.

한 달에 두 권은 읽겠다는 목표로 독서 동아리에 가입했다. 1년 동안 꾸준히 활동했다. 나보다 아이 공부를 먼저 챙겨야 한다는 생각에 동아리 활동을 그만두게 되었다. 오래 버틸 줄 알았다. 처음엔 독서 모임 리더의 따뜻한 격려 덕분에 이 길이 내 길이구나 싶었다. 책을 읽고 서평을 작성하는 과정이 자연스러워졌다. 자신감으로 착각하고 있었다.

책장은 넘기고 있었지만, 읽고 나면 금세 내용을 잊어 버렸다. 무엇을 아는지 모르는지도 분간 못 했다. 책장을 넘겨도 앞뒤 내용이 연결되지 않았다. 아무런 성과 없이 독서가 진행되어 잠시 쉬고 싶었다.

쉬는 동안 독서 말고 자격증이라도 따야 하나 싶어 정보를 수집했다. 자격증 공부를 할 때도 독서할 때와 마찬가지였다.

책을 읽을 때마다 글자가 줄줄 흘러내렸다. 이해가 되지 않았다. 분명 우리말을 배우고 자란 한국인인데, 책을 펼쳐도 내용이 머릿속에 들어오지 않았다. 책을 읽는 요령도 필요했다. 무작정 첫 페이지부터 읽어 내려갔을 때보다 책의

구성을 먼저 파악했다.

　우선 들어가는 말 내용을 살폈다. 꼼꼼히 읽었다. 책 외부를 감싸고 있는 표지, 책이 꽂혀 있을 때 쉽게 알아볼 수 있는 책등, 저자와 다른 관련된 정보를 알 수 있는 책날개까지 책을 읽기 전 많은 정보를 얻을 수 있었다. 책이 읽히지 않는 날에는 자기계발서 중 쉽고 얇은 책을 읽었다. 가볍게 읽으려고 선택한 책이 무거운 내용으로 가득했던 날도, 손에서 책을 놓지 않으려 했다. 어려우면 어려운 대로 책을 읽고 독후감을 썼다. 독후감을 쓰면서 책 한 권의 내용이 정리되었다.

　꾸준히 책을 읽었다. 읽고 있지만 흉내만 내는 것 같았다. 겉만 번지르르하게 책만 손에 들고 있었다. '자녀는 부모의 모습을 보고 자란다'라는 그 말을 떠올리며 꾸준히 책을 펼쳤다. 아직 아이는 책을 좋아하지 않는다. 함께 책을 읽는 사람이 옆에 있다면 든든할 거로 생각했다. 있지 않을까 싶었다. 언젠가 혜승이가 조용히 다가와 책 읽는 엄마 곁에 함께 앉는 날을 기다린다.

　중학교 때였다. 월요일마다 시험을 치는 주초 고사가 있었다. 주말이면 음악 방송, 코미디 프로그램에 빠져 시험 준비에 소홀했다. 실컷 놀다 저녁밥을 먹고 나면 불안이 밀려왔다. 내일 시험 망쳤다는 생각에 잠을 설쳤다. 일요일 늦은 저녁이라도 그냥 책을 펼치면 되는 일이었다. 시험이라는 틀이 나를 강박으로 몰아넣었지만, 그때 박차고 일어나 책상 앞에 앉기만 했어도 성적 때문에 후회하는 일은 없었을 것이다.

 책 쓰기 수업을 듣는 기회가 있었다. 무료로 진행된 수업이라 부담 없었다. 강사의 나지막한 목소리에 강의 내용이 집중되었다. 수업 후기를 게시판에 올렸더니 강사는 댓글을 달아 주었다. 문장이 유독 와닿았다. '책 한번 써보시죠. 글쓰기 함께 하면 좋겠습니다. 혼자 쓰는 글도 좋지만, 함께 쓰면 더 오래 쓸 수 있어요. 좋은 인연이 되길 바랍니다.' 그 말에 주저할 이유가 없었다. 바로 수업을 신청했다. 인연 덕분에 용기를 내어 새로운 도전에 나섰다. 그때 시작하지 않았다면 이 글은 존재하지 않았다. 주어진 기회를 잡고 나니 내 안에서 변화가 시작되었다. 글을 쓰면서 나 자신을 돌아보게 되었고 아들의 일상을 기록하는 습관이 쌓였다. 글을 쓰는 것이 단순한 기록이 아니라 내면을 들여다보는 과정이었다. 이제 책을 읽는 목적도 분명해졌다.

단순히 글을 잘 쓰기 위한 독서를 넘어 3가지 목표를 갖게 되었다. 첫째, 아이와 엄마 문해력을 함께 키우고 싶다. 둘째, 책을 통해 아이와 더 깊은 친밀감을 쌓고 싶다. 셋째, 내 글이 누군가 삶의 방향을 찾는 데 작은 보탬이 되었으면 좋겠다. 어둠 속에서 길을 헤매는 사람에게 지름길을 알려주고 싶다. 내 글이 누군가에게 자신의 기회를 발견하는 찾아갈 수 있는 빛이 되었으면 한다.

책 쓰기 수업이 글을 쓰는 여유를 되찾아 주었다. 한 문장씩 쌓아 올리는 글쓰기 과정 자체가 나만의 이야기를 만들어 가는 소중한 시간이다. 꾸준히 글을 쓰며 내 삶을 채워나가고 있다.

글을 쓰기 전에는 지나쳤던 장면과 감정을 내 눈과 마음에 담으려 한다. 책을 통해 얻은 지식은 세상을 이해하는 깊이를 더해주었다. 우연한 기회는 말없이 다가왔다. 다가온 기회를 붙잡는 건 오롯이 내 몫이었다. 막연히 기다리기보다는 지금부터 악착같이 만들어 가야 언젠가 손에 잡히지 않을까? 독서와 글쓰기가 미래를 준비하는 가장 멋진 도구가 되었다. 도구를 통해 나아갈 길을 닦으려 한다.

책을 읽고 글을 쓰기 시작하면서 가장 크게 달라진 점은, 타인의 말에 더 이상 내 감정이 휘둘리지 않게 되었다는 거다.

누군가는 내가 글을 쓴다고, 혹은 나의 행동이 무모하거나 실력이 없다고 말한다. 만약 글쓰기를 시작하지 않았다면, 나는 그들의 말에 쉽게 마음이 약해졌을지도 모른다.

억지로라도 무언가를 지속했기에, 지금까지 경험하지 못한 새로운 삶을 살아갈 용기를 얻을 수 있었다. 나도 할 수 있다는 확신으로 한 발을 내디딜 수 있었으니까.

이제 확신을 바탕으로 새로운 삶을 다시 만날 기회를 기다린다. 기회를 기다리자. 내면의 힘이 곧 기회를 불러올 것이다.

8

이 또한 지나가리라

어릴 적, 초등학교 앞은 문방구가 열 군데도 넘게 늘어서 있었다. 등하굣길, 자판대에 진열된 물건들이 마음을 설레게 했다. 문방구 옆에는 라면 상자에 담긴 갓 부화한 병아리와 복슬복슬한 강아지들이 있고, 그저 구경하는 것만으로도 볼거리가 넘쳤다. 학교 가는 길이 가벼웠다. 한순간의 소동이 가시방석처럼 숨 막히게 했다.

초등학교 3학년 때였다. 같은 반 J라는 친구가 어느 날 나를 문방구로 데려갔다. 입구에 서서 친구는 '넌 내 뒤에 바짝 붙어서 있으면 돼.' 영문도 모르고 친구 따라 들어갔다. 시키는 대로 뒤에 서 있기만 했다. 나는 내 눈을 의심할 수밖에 없었다. 친구가 주인 몰래 사탕을 주머니에 넣고 있는 게 아닌가?

내가 잘못 본 것인지. 그러면 안 된다는 신호를 보내도 친구는 끄떡도 하지 않았다.

이미 엎질러진 물이었다. 나도 덩달아 주인아저씨의 눈치를 살피게 되었다. '어쩜 좋아'라는 혼잣말이 끝나기도 전에 나는 눈을 질끈 감았다. 다행히 우리는 발각되지 않았다.

며칠 밤, 잠 못 이루고 뒤척였다. 내가 직접 훔친 것은 아니지만 공범이 된 것과 다름없었다. 대신 사탕값을 가져다주려고도 했지만 두려워 용기를 낼 수 없었다. 떨리는 마음으로 속으로만 외쳤다. '빨리 이 순간이 지나가 버리기만을.'

엄마 빨래는 어떻게 널어야 해? 오늘 저녁에 내가 설거지할게. 청소는 이틀만 할게. 오늘 한 일을 수첩에 적어둘 테니까. 내가 일한 결과는 용돈 통장에 꼭 넣어줘. 잊지 마. 요즘 혜승이는 집안일을 하나씩 챙기며 어른이 된 듯 행동하고 있다. 집안일을 챙기려고 하는 모습이 뿌듯했다. 무언가 혼자서 잘하지 못하고 시키지 않으면 하지 않을 거라 여겼는데, 먼저 나서는 모습이 낯설고 반가웠다. 아이가 집안일도 학교 공부도 잘하게 하고 싶었다. 몰아붙여서라도 말이다.

해보지 않은 일을 경험하며, 세상을 바라보는 여유를 갖고, 여유 속에 공부의 즐거움을 찾았으면 했다.

아이가 가진 성향을 제대로 파악해 줄 수 있는 선생님을 만나게 해주고 싶어 사교육의 도움을 빌리기로 마음먹고 학원을 알아봤다. 막상 어떻게 해야 좋은 선생님을 만날 수 있을까 생각에만 빠졌다.

책에서 읽었던 문장이 떠올랐다. "불안과 초조는 창의적인 생각을 방해한다." 등줄기에서 식은땀이 흘렀다. 나도 모르게 아이의 행동 하나하나를 따라다니며 집착하며, 충분한 대화 없이 아이를 억누르고 있었다.

얼마 전 예능프로그램 라디오스타에 출연한 신애라 씨 이야기가 인상 깊었다. 출간한 자신의 책 이야기와 함께, 남편 차인표 씨가 15년 전에 썼던 책이 이제야 빛을 보고 있다는 내용이었다. '그때 만약 당신이 무슨 글을 쓰냐고 핀잔을 줬더라면 지금의 남편은 없었을지도 모른다.' 말은 아낌없는 격려와 응원이 얼마나 큰 힘을 발휘하는지 보여주는 대목이었다.

부모가 먼저 변해야 아이도 변한다는 철학을 실천하며 온 힘을 기울이는 모습에 놀라웠다. 부모 노릇은 단순한 소임을 수행하는 것이 아니라, 나를 닦고 또 닦아야 하는 연습의 과정이 동반되어야 할 부분이 아닌가 싶다.

친정엄마를 5년째 간호하고 있다. 이 시간을 통해 친정엄마에게도 이기적인 면이 있다는 걸 알게 되었다. 아프기 전까지는 짜증 내는 일이 없었다. 별일 아닌데도 자식들에게 짜증을 냈다. 한때는 엄마와 마주하는 것조차 힘들었다. 엄마는 자식들이 자신의 아픔으로 힘들어하고 있다는 걸 헤아려 주지 않았다. 병든 부모를 돌보는 일은 당연히 자식들의 몫이라고 여겼다. 자식의 마음을 들여다볼 여유도, 챙겨줄 기운도 없었던 것 같다.

내가 두 번째 코로나에 걸렸을 때 엄마의 마음을 들여다볼 기회가 생겼다. 첫 감염 때보다는 증상이 덜했지만, 두통과 근육통이 이어졌고 예상보다 후유증은 컸다. 엄마는 하루가 멀다고 전화를 걸어 안부를 물었다. 처음에는 전화벨 소리조차 귀찮았다. 몸이 아프니 세상만사가 귀찮았기 때문이다.

자식 안부를 묻는 전화는 엄마 마음의 여유를 되찾아 가고 있다는 신호였다. 한시름 놓였다. 시간이 지나며 알아차렸다. 엄마 역시 자신의 처지를 받아들이기까지 오랜 시간이 걸렸다는 걸. 어느 정도 극복한 듯 보인다.

부모님이 우리를 기다리셨던 것처럼 이제는 우리가 부모님을 기다리는 시간을 마주하고 있다. 가끔 나 힘들다는 말을 속 시원하게 털어놓고 싶을 때가 있다. 직장생활, 자녀 돌봄, 부모 봉양 세 마리 토끼를 동시에 잡으려 안간힘을 쓰고 있다고. 마음은 지쳐있고 감정은 정리되지 않은 채 쌓여만 갔다. 내 마음도 정리 정돈이 필요하다는 생각이 든다.

나인애 교수가 힘들 때마다 읽는다는 한강 작가 시「괜찮아」를 읽으며 마음을 달랬다. 현재의 일에 충실하면, 예상치 못한 좋은 기회가 생긴다는 것을 알게 되었다.

"둘 다 거기 서!"

주인아저씨에게 붙잡혔다. 너희 집 어디야. 부모 데리고 와. 눈을 부릅뜬 아저씨 고함이 몰아쳤다. 도망치다 잠에서 깼다. 꿈이었다. 가슴이 쿵쾅거렸고 그날의 기억이 나를 놓아주지 않았다.

다음 날 아침, 등굣길에 친구를 만났다. 다음부터는 같이 놀지 않을 거야. 친구는 영문을 모르는 표정을 지었다.

하루의 모험은 끝났지만, 그 여운처럼 불안은 오래도록 마음에 남아 있었다. 어린 시절 즐겨 보던 만화 〈이상한 나라의 폴〉 속 딱부리 요요가 떠올랐다. 만약 내게도 시간을 멈추는 힘이 있다면 얼마나 좋을까요? 세상을 잠시 멈춰 놓고, 아무

일도 없던 것처럼 되돌리고 싶었다.

 하지만 시간이 모든 일이 물처럼 흘러 사라진다는 것을 알고 있다. 작은 소동이 남긴 마음의 불안이 여전히 존재하지만, 이제 외면하지 않고 똑바로 마주하고 받아들이는 법을 배워 가는 중이다.

 이 또한 지나가리라. 이 진리를 믿으며, 흔들리는 마음에도 평온을 선물했다.

> 감정 한 걸음 더

 아이를 키우는 것은 어쩌면 끝없는 기다림의 연속인지도 모른다. 기저귀 떼는 날을 기다리고, 밤잠을 스치는 날을 기다리기도 한다. 옹알이를 넘어 또렷한 단어를 말하기까지, 두 발로 힘차게 걷기까지 모든 순간이 기다림의 과정이었다. 초조한 마음으로 아이의 성장을 재촉하기도 하지만, 아이는 자신만의 속도로 세상을 배우고 성장하고 있다.
 옆집 아이는 수학 경시대회에서 상을 받았다는데 우리 아이는 아직 구구단도 어려워한다며 실망할 필요가 없다.
 아이들은 저마다 다른 계절에 피어나는 꽃처럼, 각자의 때에 맞춰 아름다운 모습으로 피어날 것이다. 중요한 것은 억지로 꽃을 피우려 물을 쏟아붓는 것이 아니라, 따뜻한 햇살과 적당한 바람을 선사하며 묵묵히 지켜보는 일이다.
 엄마의 기다림은 아이에게 '너는 혼자가 아니야, 언제나 네

곁에 있어.'라는 무언의 메시지를 전한다. 믿음이라는 단단한 뿌리가 일단 아이의 마음에 자리 잡으면, 아이는 그 힘을 바탕으로 어떤 어려움도 헤쳐 나갈 수 있는 사람으로 성장할 것이다.

마치는 글

 혼란스러운 마음 달랠 방법을 찾고 있었다. 가정일도 직장일도 나를 둘러싼 모든 대상을 볼 때마다 마음이 편안하지 못했다. 가정일은 해도 끝이 없었고 직장은 단지 생계를 위한 목적으로 출근했다. 사람들과의 관계에서는 잡음이 생겼고 그 속에서 지치고 짜증이 쉽게 반복되었다. 재미없는 삶을 살며 보내는 시간이 아깝게만 느껴졌다. 어떤 일을 해도 흐지부지 야무지게 해내는 힘이 약했다. 벗어나고 싶다는 생각뿐이었다.

 생각의 출발점은 부모 역할에 대해 고민하면서부터다.

 과연 나는 괜찮은 부모인가? 내 마음 하나 돌볼 여유가 없었다. 아이 마음까지 챙기기에는 역부족이었다. 문제의 원인을 알아차렸지만 바로 실천에 옮기기에는 지식도 지혜도 부족하다는 걸 느꼈다. 그동안 아이가 마음에 상처를 안고 힘겨워했을 것을 생각하니 미안한 마음이 컸다.

 아이의 일상을 기록하기 시작한 건 학부모동아리 활동을 통해서다. 반강제처럼 느껴졌다. 자녀와의 친밀감 쌓기에 효과적인 방법이라 했다. 적기 시작하면서 얻어지는 기대효과에 대해 알려주었다. 무조건 써야 한다는 건 각인되었다. 생각을 실천으로 옮기기는 쉽지 않았다.
 한 줄 쓰고 그대로 두었다가 일주일 뒤에야 몇 줄 더하며 흉내만 내는 수준에 머물렀다. 노력만 하고 있다며 위안 삼았다. 쓰다가 말다가를 반복했다. 그런 과정에서도 습관이 잡혀 나갔다.
 아이와 함께한 시간 속에 만들어진 이야기를 놓치면 안 되겠다 싶었다. 마주하며 나눈 이야기, 학교에서 친구들과 겪은 일, 공부를 잘하고 싶었지만, 속상했던 감정들까지 모든 순간이 소중하게 느껴졌다. 흘려보내고 싶지 않았다. 글로 남기고 싶었다.

 내 말투와 말 습관이 눈에 들어오기 시작했다. 글쓰기는 스스로 마음을 돌보지 못한 나까지 챙겨 주었다. 초등학교 방학 숙제로 내어준 일기 쓰기가 전부였다. 그 뒤 독후감을 억지로 몇 편 쓴 게 다였다. 적으면서 아이 감정을 느끼게 되었다. 엄마가 챙겨야 할 일은 학원 가라 다그치는 게 아니라 마음에 양식을 챙겨주는 일이라는 걸 놓쳤다. 엄마의 따뜻한 말 한마디가 아이 인생을 바꿀 수 있다는 걸 절감하게 되었다.

그동안 나는 아이 단점만 눈여겨보았다. 관심 대상을 나에게로 옮겼더니 변화가 생겨났다. 내 마음을 돌보니 아이가 보이기 시작했다. 내 마음을 챙겼을 뿐인데, 아이에게도 변화가 생겼다. 새롭게 얻게 된 힘으로 지금까지 해보지 못한 경험을 해보고 싶은 욕심이 생겼다.

실천에 옮긴 첫 번째 방법은 글쓰기 도전이었다. 블로그 글을 읽다가 우연히 이현경 작가 글을 읽었다. 늘 두려움과 망설임이 앞섰던 나에게 이 도전은 인생을 바꿀 만한 첫걸음이었다.

주변에서는 말했다. '에이, 네가 글을 쓴다고 세상이 달라지겠어? 그냥 하던 일이나 해.' 예전 같으면 주변 사람들 말에 휘둘렸을 나였다. 포기했을 것이다. 오히려 더 쓰고 싶은 열정이 생겼다. 글을 써야 할 이유를 분명히 찾았기 때문이다. 사춘기에 접어들고 있는 아이의 감정을 돌보고 싶다는 마음이 가장 컸다. 중요한 문서를 저장하지 않은 채 컴퓨터가 꺼져버렸을 때의 안타까운 상황을 만들고 싶지 않다.

글을 쓰며 내 마음을 들여다볼 수 있었고, 동시에 아이의 마음도 함께 보듬을 수 있었다. 감정을 돌보는 수단으로 글쓰기가 나에게 들어왔다. 글을 쓰면서 아이의 작고 여린 손을 꼭 잡아 주고 싶다. '엄마가 여기서 너를 바라보고 있어.'라는 말을 글 속에 담고 싶다.

가정과 직장을 오가며 정신없이 하루를 내가 아닌 가족에게 온 정성을 쏟는 엄마들을 응원하고 싶다. 엄마라는 이유만으로 서로 공감할 수 있다는 것이 위안이 되는지 안다. 어릴 때 내 마음속 작은 아이에게 다행이라고 말해 주고 싶다. 지금이라도 불안이라는 감정을 친구 삼아 여유를 찾게 되었으니까. 근본적인 해결책을 찾을 수 있게 되었고, 어떤 상황이 오더라도 받아들이는 나의 태도도 달라졌다. 변화 속에 나는 미세하게 단단해졌다.

중간에 글을 쓰다가 멈춰 선 시간들이 있었다. 때로는 글을 써야 할 방향을 잃기도 했다. 끝까지 초고를 완성할 수 있었던 건 함께 있어 준 글동무들과 이현경 작가 덕분이었다. 그들 덕분에 온전히 써야 할 이유를 깨달았다.

이 글을 통해 독자들이 얻어가길 바라는 3가지가 있다. 첫째, 자신의 감정을 들여다보며 돌보는 힘이다. 나 역시 글쓰기를 통해 불안과 무거운 마음을 내려놓을 수 있었다. 내 안의 감정을 기록하는 일이 마음에 위안이 되었다.
둘째, 부모의 변화다. 아이를 키우면서 겪는 고민, 불안, 후회, 미안함을 겪으며 성장할 수 있었다. 일상의 기록이 부모와 자녀를 이어주는 튼튼한 동아줄이 되어 주었다는 사실을 많은 분과 나누고 싶다.
셋째, 일상의 기록이 주는 기쁨이다. 기록이 무심코 지나쳐 버리기 쉬운 삶의 장면을 담을 수 있는 수단이 되었다. 수단으로 기쁨을 함께 나누는 방법을 찾아가고 있다.

이 글이 육아와 가사에 지친 이 세상 모든 워킹맘에게 작은 위로와 도움이 되기를 바란다.